孤独经济

面向独居群体的新业态

王哲昊 王忠平 ◎ 著

当代中国出版社
Contemporary China Publishing House

图书在版编目(CIP)数据

孤独经济：面向独居群体的新业态 / 王哲昊，王忠平著 . -- 北京：当代中国出版社，2023.6
ISBN 978-7-5154-1269-6

Ⅰ.①孤… Ⅱ.①王…②王… Ⅲ.①青年人—消费—研究—中国 Ⅳ.①F126.1

中国国家版本馆 CIP 数据核字 (2023) 第 100402 号

出 版 人	冀祥德
责任编辑	陈 莎
策划支持	华夏智库·张 杰
责任校对	康 莹
出版统筹	周海霞
封面设计	回归线视觉传达
出版发行	当代中国出版社
地　　址	北京市地安门西大街旌勇里 8 号
网　　址	http://www.ddzg.net
邮政编码	100009
编辑部	（010）66572180
市场部	（010）66572281　66572157
印　　刷	香河县宏润印刷有限公司
开　　本	710 毫米×1000 毫米　1/16
印　　张	14.5 印张　220 千字
版　　次	2023 年 6 月第 1 版
印　　次	2023 年 6 月第 1 次印刷
定　　价	68.00 元

版权所有，翻版必究；如有印装质量问题，请拨打（010）66572159 联系出版部调换。

一个人的巨型市场

"得单身者得市场"逐渐成为一种商业密码。

正如艾里克·克里南伯格在《单身社会》①中预言的:单身社会正在成为一次空前强大、无可避免的社会变革。

这种变革最先反映在统计数据上。2020年,中华人民共和国民政部公布了一组数据,2019年中国单身人口高达2.6亿,其中8000万处于独居状态,这一数字2021年会上升至9200万。②贝壳研究院发布《新独居时代报告》,报告指出,根据此前国家统计局公布数据,初步预测到2030年独居人口数量或将达到1.5亿—2亿人,独居率或将超过30%。③

队伍不断壮大的独居人群正在披荆斩棘地开辟新的生活方式。在多元化生活方式不断更迭的当下,人们应该了解到,真正的孤独消费是让一个

---

① [美]艾里克·克里南伯格:《单身社会》,沈开喜译,上海文艺出版社2018年版。
② 《超2亿人单身,是"一个人"的事吗?》,河南日报客户端,2021年4月18日。
③ 《〈新独居时代报告〉:2030年独居人口或达2亿人,独居率或超30%》,中国网地产,2021年6月18日。

人健康地生活，并且乐观地拥抱生活，在享受自己生活的同时，也不逃避现实。

据人民网报道，有调研数据表明，57.7%的单身人群认为"消费"是排解孤独的有效途径。[①] 也就是说，独居人群更"舍得"为自己消费。

吃一个人的小火锅压压惊、养一只宠物当"铲屎官"、在迷你KTV嗨唱一场、独自旅行感受不一样的喧嚣、一个人购物、一个人游乐、一个人学习、一个人努力、一个人奔向未来……围绕"一个人"的市场空间已经在不知不觉中发展成万亿规模，"一个人"的巨型市场让"孤独"由一个词语变成了一门生意。

"孤独消费"在你我身边蔓延开来，资本的蜂拥而入让"孤独"这门生意更加火热。为单身人士提供个性化产品和服务，"孤独经济"俨然成为重要的新的经济增长点。

随着与"孤独经济"相关的一系列数据的飞速攀升，关于"孤独"的消费诉求也在以肉眼可见的方式改变着传统商业模式。由"孤独经济"衍生出来的"单身经济""陪伴经济""一人经济""社交经济""悦己经济""颜值经济""宠物经济"等新经济业态，都从生活上和心理上满足了独居群体吃、住、游、行、娱等各方面的需求，越来越多的独居人士凭借"一己之力"撑起了独居时代的"孤独经济"。

本书针对当代独居群体的消费需求，讨论以独居生活和个人情趣为核心的"孤独经济"，在"互联网+"时代去发现一个个孤独身影背后的消费商机，重新圈定一片片新蓝海。

"孤独经济"的核心是"经济"，但我们不能只将目光锁定在商业范

[①]《7700万人正在独居……孤独消费，你真的不快乐吗？》，新华网，2020年4月19日。

畴，还要综合关注其他方面。"孤独经济"与个人情感的连接，"孤独经济"反映了怎样的生存状态和心理诉求呢？需求侧与供给侧能否形成契合，社会力量应当给予哪些支持呢？如何按照党的十九届五中全会的精神科学擘画，在"十四五"时期"促进满足人民文化需求和增强人民精神力量相统一"，让所有人都能享受更有品质的生活，并拥有更积极健康的精神面貌呢？"孤独经济"的繁荣反映了当代很大一部分人在富足生活条件下，民众消费需求的多元化和个性化，同时映射出人们自主、自由的生存状态。因此，"孤独经济"带动的并非某个单个群体的发展，而是推动了经济的全面升级。那些看起来孤孤单单的人，其实内心非常丰富，对生活的理解或许更为独特和深刻，对生活的状态也更加敏锐。一些已经对"孤独经济"展开布局的资本甚至将"孤独经济"的核心群体当作中国消费趋势变化的重要风向标。

当孤独的感觉弥漫、当孤独的话题泛滥、当孤独的经济体量已经庞大到令人瞠目结舌的地步时，我们终于发现，原来我们从未如此"孤独"过。

从时间的年轮上看，21世纪的"孤独"是时代的"流行病"；从经济的意义上看，21世纪的"孤独"，是一门"大生意"。

形成篇
孤独从个体情绪凝结为群体情感意识

第一章　孤独经济产生的原因 / 3
　　经济快进允许个体孤独 / 4
　　科技突进带动思维孤独 / 6
　　都市化推进构筑精神孤独 / 11
　　消费市场细化支持行为孤独 / 14
　　工作成本攀升拉动内心孤独 / 16
　　老龄化造成隔离性孤独 / 19

第二章　孤独经济是现代性的情感延伸 / 23
　　创造话题，反常识中制造热点 / 24
　　场景刺激，先夺眼球，后占心智 / 26
　　纳入社群，为好奇心设置表达出口 / 28
　　小世界化，将日常细节赋予情感和温度 / 35
　　贩卖孤独，越扎心越吸粉 / 38
　　创造身份需求，独有的品位壁垒 / 41
　　异化兴趣轴心，修改生活模式 / 43

第三章 "空巢青年"写实群像 / 47

　　群居的孤独者 / 48

　　网上活跃，网下寂寞 / 51

　　渴望相系，却恐惧绑死 / 53

　　吃"瓜"社交，陌生人的社交新场景 / 55

　　用独处宣告自己的独特 / 57

导入篇
在非群体中寻找群体商机

第四章 孤独经济的商业机会 / 63

　　买陪伴——空巢但不空心 / 64

　　买方便——本质是花钱买时间 / 67

　　买快乐——无所不在的"悦己消费" / 70

　　买寄托——灵魂与情感的博弈 / 74

　　买心跳——为所爱埋单 / 76

　　买未来——为自我提升付费 / 79

　　买保障——最大限度分化风险 / 81

第五章 需求侧的显性痛点与隐性痒点 / 85

　　被关注的快感 / 86

　　被尊重的优越感 / 88

　　被读懂的亲近感 / 90

　　被需要的力量感 / 93

　　被信任的满足感 / 97

　　被特别关照的"特权"感 / 99

　　被深度理解的通透感 / 102

被家庭牵绊的幸福感 / 105

被社会认可的责任感 / 107

第六章　供给侧如何适应孤独经济 / 111

内心欢愉——独而不孤，寻求内心的深度愉悦 / 112

独特趣味——能满足感官要求和情感诉求 / 114

专效专属——个性定制，精准匹配 / 116

多样简便——易上手，易入坑 / 118

健康乐活——关于美好生活的日常选择 / 121

万物智慧——迈向"有范"智慧生活 / 123

实践篇
非标生意 + 体验生意

第七章　圈层的话语权和稀缺性 / 129

进圈——通过小众，影响大众 / 130

破圈——"种草"发展原点人群 / 132

出圈——自发性传播 / 134

跨圈——打造产品的社交货币属性 / 136

拼圈——不同圈层间的闪联 / 139

第八章　万物皆可"云"，"自洽式"享受孤独 / 141

"云生活"——现实生活的补充 / 142

"云娱乐"——快乐不打烊 / 147

"云商场"——躺平式逛街 / 152

"云医疗"——全健康解决方案 / 155

"云学习"——个性化的获得感 / 159

"云就业"——新模式拓展新空间 / 162

"云游览"——足不出户，看到诗和远方 / 165

第九章 兴趣青年的"新文化运动" / 169

潮牌球鞋文化 / 170

手办收集文化 / 172

啤酒精酿文化 / 174

耳机堡音文化 / 176

口红色号文化 / 178

旧房改造文化 / 180

第十章 专属生活，一个人活成一个家庭 / 183

过心瘾的"云吸服务" / 184

形成产业矩阵的"一人份" / 187

独乐主义的精致"迷你款" / 191

圈粉无数的"自助式" / 194

改变幸福逻辑的"单身粮" / 197

打通品效闭环后的"低频产品" / 201

第十一章 科技无限，元宇宙时代来临了 / 205

智能 AI——家变得更"聪明"了 / 206

虚拟社区——沉浸式虚拟社交 / 208

无人零售——24 小时全经济 / 210

"虚拟数字人"——得单身者得市场 / 212

AR——增强现实，让计算机为现实世界"加料" / 215

VR——虚拟现实，从现实中完全抽离 / 218

参考文献 / 220

形成篇
孤独从个体情绪凝结为群体情感意识

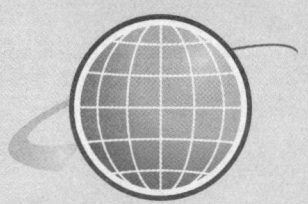

第一章
孤独经济产生的原因

如果世界上有什么是绝对公平的，孤独的体验绝对是其中一种。

孤独是如何产生的呢？我们不得而知！但我们有必要知道孤独是如何成为当下的时代问题的。

孤独经济的兴起与我国经济社会持续快速发展以及传统观念急剧变化息息相关。同时，科技加成、城市化深入、消费市场细化、工作成本攀升以及新冠病毒感染等因素都起到催生和强化的作用。

经济快进允许个体孤独

很多人都已经明显感觉到,现在的社会心态即"社会性格"①正在发生一些说不清但又确切发生的变化。

社会性格由个体行为构成,个体行为的转变又带动社会心态的变化。然而,个体行为是如何转变的?又为什么会转变呢?这种变化是暂时性的还是永久性的呢?

虽然我们都知道,这是时代发展造就的,却不明白时代为什么就变成了如今的模样!要理解这个问题,需从定义时代开始。

人类从诞生至今,绝大部分时间花在全力解决生存问题上。虽然我们现在不能完全理解古人是如何为了生存而拼搏的,但回想在经济基础薄弱的年代,做每一件事都不容易,额外获得更是难上加难。人们为了生活得更好,一个家庭、一个家族,甚至一方邻里,都必须团结在一起,亲戚靠亲戚、朋友帮朋友,否则生活只会更艰难。

在没有足够物质基础作保障的时代,影响人生活的,更多的是血缘,其次是地缘。

那么,当人的基本生存问题得到解决,社会进入相对富足的时代,人的生活、思考、情感取向是否会发生变化呢?人会选择过怎样的生活呢?

---

① "社会性格"是由法兰克福学派的弗洛姆(E.Fromm,1900—1980)在《逃避自由》一书中明确提出来的。

不可否认，我们已经进入一个物质条件相对富足的时代，人们不再受物质匮乏之困扰，有了选择生活方式的主动权，变得更自由、更独立、更有思想，获得更加深刻的情感和体验成为可能。

物质基础决定精神文明建设的高度。富足的物质让人们不必通过相互紧密的关联获得生存机会，而更加独立的状态不仅可以让人们不必耗费精力去维持关系，还可以将更多的能力用于自我发展，这是经济发展的必然结果。

关于经济发展对人们生活方式的影响，经济学家约翰·凯恩斯在1930年发表的论文《我们孙辈的经济可能性》（The Economic Possibilities of Our Grandchildren）中有过深刻的思考，他在论文中畅想孙辈们长大后会面对什么样的未来。彼时正值美国经济大萧条，在哀鸿遍野中，凯恩斯发出了不一样的声音，他相信，未来必将是一个物质丰裕的时代，虽然仍会有人负责解决经济问题，但生存不再是最大的问题。

这样的观点在那个经济是大问题的时代遭到了异常强烈的反对，人们在悲观的状态下生出了悲观的结论，但事实证明凯恩斯的预言是正确的，战后经济的高速发展逐渐可以支撑起人们把生活当作艺术去体验、去探索。

物质世界的丰裕意味着精神世界有更多的自由和提升的空间，难道不应该是这样的吗？

富足让人类有余力进行更多元的选择和更多维的思考，但任何深刻的决定都需要消耗能量，丰富的精神世界更是如此。因此，大部分人选择了过简单的生活，抛弃表象的浮华和不必要的联系，让自己更加独立，往更深远的方向前行。

这就是随着经济越发达，可以利用的条件越多、可以接触的范围越大，人反而越孤独的根本原因。有人将生活水平的高度与精神文明的高度看作一对矛盾体，这种矛盾表示社会性格的跳跃式断代正在发生。

　　我国从改革开放到现在40余年，经济快速发展，社会变化巨大。如果说改革开放前面几十年展示的是和工业时期对应的内心驱动的精神，那么进入新时代后，正在表现出来的则是一种全新的社会心态。

科技突进带动思维孤独

在网上看到两个关于科技发展与生活感受的问题：

问题1：为什么科技越来越发达，人与人之间的交流越来越方便，人们却感到越来越孤单？[1]

答：科技的发展带来的是人与人面对面交流的减少，当我们的感情顺着冰冷的机器传递时，已经变得十分微弱，你无法看见机器背后朋友的面容，也无法感受网络那头朋友的心情，再多的言语也抵不上一个温暖的拥抱。

问题2：科技越来越发达，为什么人却感觉越活越累？[2]

答：其一，高科技只是一种交流的工具和手段，并不必然拉近人与人之间的距离；资讯交流的方便快捷，也不能掩盖人与人之间距离越来越

---

[1]《为什么科技越来越发达，人的交流越来越方便，但是却感觉到越来越孤单？》，历史新知网，2020年4月5日。

[2]《为什么科技越发达，人活得越累？》，知乎，2017年4月14日。

远、人们感到越来越孤独的事实。其二，现代社会的人更倾向于功利观念和自我价值的完善，生存的压力使人们无暇去同亲人朋友聊天谈心，从而造成感情的淡漠，人与人之间距离越来越远。其三，真正的交流应该是身与心的交流，而隔着屏幕的你永远看不到对方的表情和动作，听不见对方的声音，感受不到对方的喜怒，这一切就让你觉得并不那么真实。

经过数百万年的进化，人类才被塑造为社会性动物，但仅仅是最近的十多年的时间，人类却几乎变成了手机成瘾者，并且没有多少人去关心成瘾的现状及成瘾后要面对的孤独。

面对面交流时，我们的眼神、神态、语调、动作都逃不过对方的"法眼"；而通过社交网络交流，等于为沟通上了一道保险，能够让交流的双方更加游刃有余地表达自己的看法、想法，但这种看似不怎么针锋相对的社交方式，却很难让人交心。我们需要不断地揣摩别人发过来的文字和图片背后的真实含义（如果有的话），思考对方为什么回复得这么慢？对方为什么答非所问？在你来我往的推敲中，交流的双方必然产生距离感。

实际上交流是具有边界性的，能与什么人交际、不能与什么人交际，每个人都有自己的界限。然而，通过网络社交就没有了边界限制，"朋友"变得越来越多，而"朋友"这个词的含义也在增量的过程中发生了本质性的变化，"朋友"不再是情感的代指，而是数量的体现。虚拟社交往往通过评论、转发、点赞实现，因此被戏称为"点赞之交"，可能点来点去，连对方是谁都不记得了。这种"隔屏搔痒"的交流给不了我们心灵慰藉，于是"朋友"越多，反而愈加觉得孤单。

很多人已经意识到科技时代的孤独了，发现自己身处一个既现实又虚拟的世界，很难碰到一个聊得来的人，甚至很难主动结识一个真正的朋友。但是，我们不能将"锅"都甩给科技进步，毕竟是我们自己选择借助科技的力量而放弃人际交往的。

首先，科技填补了惰性空缺。

每个人都有惰性，尤其是在自己不情愿的情况下。城市生活是快节奏的，工作占据了一天中大部分的时间，工作之余总希望能有更多的个人时间，但如果只是无事可做地待着，又没有什么意思。在网络时代，一个人在闲暇时间绝对不会感到无聊，拿起手机打开任何自己感兴趣的App，都能在其中找到乐趣。当互联网出现在我们的生活中，一种"互联网挤压人们休闲时间"的感觉就油然而生了，其实并非互联网剥夺了我们的休闲时间，相反，是互联网让我们的休闲时间变得更加多样化了。也就是说，是我们主动选择向互联网靠拢，因为网络世界允许个人独自遨游，无须照顾他人的情绪感受。

当互联网上的社交互动成为常态，我们就很难再想起现实生活中人与人交际的真实情况，就更加不愿意去参与现实社交了。于是，我们的生活中缺失了那种人与人的联系感，或者是更高阶、更深层次的心灵交流。

很难拿现如今的集体孤独感与前几代人的个体孤独感做比较，科技的突飞猛进为我们创造了一个虚拟世界，我们可以随时参与一些匿名游戏，获取大量的碎片化信息。

其次，科技扩宽了生活可能。[1]

高科技时代，人们感受最深、与人们生活最紧密相关的，就是互联网技术。它开阔了我们的眼界，让我们见识了原本不可能见识的东西。

---

[1]《科技发展与创新，丰富了我们的生活》，搜狐网，2019年1月5日。

现在的年轻人不再愿意长期将时间花费在仅供饱食的做饭、满足生活必需的购物等费时费力但替代性极强的事情上，科技的进步给人们的生活带来了更多的选择，网络购物逐步成熟，即时配送迅速下沉，消费者的生活便捷性得到极大提升。于是，人与人之间的依赖程度大大降低，即使没有家人和朋友的介入与帮助，一个人也可以生活得很舒服。

再次，科技改变了人们的日常习惯。

人工智能越来越融入人们的生活，家居、安防、电视、汽车等硬件仿佛一夜之间都拥有了智慧，像被施予了魔法一样，将人的爱好、生活和习惯都嫁接到了物体上，越来越多的人不断地从虚拟交互中索取本该由与人直接交往才能获得的满足感。

我们已经开启了人工智能时代，科技带来的孤独感将不再是伪命题。试想一下，当每个人都拥有一个了解主人喜好、能够无障碍交流甚至比朋友亲人还贴心且不会发脾气的机器人时，我们还会去拓展自己的人际关系吗？我们会像现在依赖智能手机一样，将理想化的社交关系都集中到机器人身上吗？

当人工智能变得足够智能，可以为我们提供情感上的陪伴、心理上的慰藉时，我们是否还需要现实的人际交往呢？这个问题的答案目前还没有定论，毕竟人工智能还远远未达到可以替代人的阶段，但我们可以从网络科技中发现端倪：越来越多的人已经认可了互联网，觉得互联网就是真实存在的事物，他们将自己大部分的空闲时间都花在互联网上。

最后，科技屏蔽了人的作用。

近几年，"无人化"愈发受到资本青睐，无人驾驶汽车、无人超市、无人银行、无人医院、无人工厂①……似乎把人去掉了，就是科技进步的象征。按照这种趋势发展下去，将来的"无人化"必将更加普及。我们有必要反思，当科技进步以挤占人的权利为代价时，科技到底是在为谁服务呢？将来各行各业都"无人化"了，人又该去哪里呢？会不会在若干年以后，连人都成为多余的呢？

似乎有点跑题了！然而，什么都"无人"，看似比以往更方便，但人与人之间必要的沟通怎么办呢？彼此之间的距离将越来越远，没有人情味儿，没有基本的信任……想要不孤独恐怕就成了奢望。

科技进步是必然的，人类从来不会只享受科技进步的果实，有时候也会承受科技进步带来的负面影响，就像蒸汽时代的工业化进程加快了人类社会的进步，同时也带来了严重的环境污染一样。但人类有不断改进技术的基因，会让科技最终服务于我们。因此，我们既不应该因为觉得无能为力而悲观，也不应该因为害怕未知而扼杀技术给社会带来的可能性。

孤独已经成为一种常态。②无论导致这种现状的原因是无情的资本能量、突进的科技发展，还是互联网的虚拟认知、顽固的个人主义，抑或是个体对社交媒体、电子游戏、电商购物的全面沉迷，在大多数地方，个体的孤独感都在不断升级。

现实的科技世界、各类虚拟软件设计的初衷都是想让人上瘾，尽管打出的旗号是帮助人们解决问题。然而，随着技术的发展，科技社会的孤独感在外因与内因的双重作用下，只会越来越重。当人们感到孤独时，会不自觉地将更多的时间和精力发泄在能够排解孤独的互联网世界。你会发

---

①《"无人经济"开启加速模式》，《人民日报（海外版）》2020年8月13日。

②《当孤独成为一种常态时，你就不得不去享受它，最后对独居"上瘾"》，网易，2020年11月5日。

现，日常生活变得越来越机械化和碎片化，人与人之间的联系变得更加微妙和脆弱。

在网络普及的现代社会，每一个人都是独立的个体，而不属于某个群体。我们可以离开朋友和亲人，却离不开网络世界。

个人很难摆脱孤独带来的寒意，也很难从社会学的角度去量化孤独的范围，孤独存在于科技生活的方方面面。

科技社会的孤独感是真实存在的，是"智慧城市"①中无处不在的症状，是真实人际关系的一种可容忍也必须接受的衰退。

都市化推进构筑精神孤独

文明是历史沉淀下来的、不分地域和年代、总有一些让人看到后能很快产生共鸣的东西。文明分门别类，在城市和乡村孕育出蕴含不同的情感与价值的文明。

作为一个一直生活在城市的人，在没有接触社会学之前，我没有想过城市社会与农村社会存在着如此大的差别。

乡村是农耕文明和熟人社会，彼此都有联结，接触的圈子很小，几乎所有的事情，都能通过关系轻松解决。

城市的情况正好相反。几十万人、几百万人之中的一个人或一个家庭是很容易被忽略的。因为房屋拆迁或改善居住条件而变换着住址，虽然也

---

① 《智慧城市建设开足马力——数字"算力"提升城市"脑力"》，《人民日报（海外版）》2023年2月23日。

孤独经济

能在新社区结识新朋友，但数十年甚至数代人建立起来的纽带就会被切断，且无法再生。

因此，相较于城市文明的距离感，被乡村文明熏陶出来的人缺少的或许是独立与自己相处的能力。乡村文明代表热乎乎的宗族文化，城市文明则是冷冰冰的利益文化。这并不是说乡村文明就是好的，城市文明就是差的。相反，城市化是社会发展的必然趋势，而且正在不可逆转地改变着过去的社会结构和价值结构，原始的乡土宗族已经开始衰落。

全球化、城市化席卷而来，高速发展的科技和铺天盖地的信息使得个体化逐渐开始成为城市社会的常态，"陌生人"社会逐步取代了熟人社会。

现实就是如此。城市化让有着不同社会背景的人们集聚在城市里，新型社会关系的建立逐渐代替了原来的亲朋关系。被分割在不同的工作岗位和工作环境，人们适应着快节奏、少交流的新生活形态，也在被动中建立了新型人际关系。

有人说，孤独是城市人的常态，是非城市人的未来。后疫情时代，传统经济模式将继续受制，多种消费市场既萧条又饱和，而独居群体将不断壮大，针对"孤独经济"①能够探索的产业将持续扩展，这种扩展会导致我们生活的"附近"进一步消失。

市场是万能的，可以解决一切，而市场又将"附近"视为一种障碍，比如今天的年轻学生，你要问他："你住的这个小区在你的城市里面或社会中处于一个什么样的位置？和周边的菜市场是什么关系？"他描述不清楚的原因是他会觉得这个问题有点无聊，对这个"附近"，他没有兴趣。

---

①《积极看待"孤独经济"引导青年即使"空巢"也勿"空心"》，《光明日报》2020年11月11日。

"附近"是以个人为圆心所辐射出去的真实存在的生活范围，既包括客观存在的人、街道、商店、餐厅、医院、学校等，也包括主观层面的人际交往与情感交流。然而，在城市中，"附近"正在人们的生活中逐渐消失。在资本和技术的推动下，原本真实可触的"附近"被转化为虚拟的、数据的"附近"，及时迅速，却没有了层次。

100多年前，格奥尔格·齐美尔[①]在"都市与精神生活"的论述中，就曾极有先见之明地提到过类似情况，只是他围绕的不是资本与科技，而是货币。因为在100多年前，货币也给城市人带来了便利——货币经济把人的全部价值体现在金钱关系上。货币让个体第一次掉入孤独的陷阱，即人与人不再关注彼此的人格与个性，仅仅在意彼此的社会地位，在人与人完成既定目标后便迅速各奔东西，个人在不断发展的城市中感受到了孤独。

可以说，货币经济启动了个人的自由，而资本与科技又进一步扩大了个人的自由。人与客观对象之间距离的扩大，是现代城市的特点，齐美尔将此总结为"城市特有的最无可置疑的精神现象"。当城市人享受便利和自由的同时，付出的代价是社会关系的脆弱化。

由此可知，城市在个体化发展中促使人产生了反向的思维与行为的禁锢，但也为他们提供了自由与个性发展的空间。由于城市人的"附近"正在消失，他们把原本应该放在生活领域和社会关系上的精力更多地放在"自我"上，这是生活场所陌生化的表现，更是社会进步的表现。

[①] 格奥尔格·齐美尔（Georg Simmel，1858—1918），德国社会学家、哲学家。

消费市场细化支持行为孤独

"孤独经济"已经融入独居人士的日常生活，但这并不意味着只有孤独与无奈。这类商业形态根源于生活方式的变迁，消费者偏好和决策的形成与消费理念的改变是分不开的，而年轻人消费理念的复杂多样和具有鲜明特点的消费需求带动了不同消费市场的细分赛道的发展。

如今消费市场的细分与过去有着极大不同，过去消费市场还是建立在产品或服务的基础上，是有迹可循的。如今则是建立在消费心理的改变上，甚至只是某一阶段的突发性兴起，这就带起了一个之前从来未曾想过的冷门领域。比如态度营销。如果是第一次听说这种营销模式的人，或许会有些发蒙，态度还能用来营销？如果看看当下的"Z世代"，就不难理解为何会产生这种营销了。在"Z世代"开始成为消费主力军的今天，消费市场逐渐向更年轻、更多元、更精细的趋势发展，其中总是藏着一些看似"无厘头"的东西。认可一个品牌，先认可品牌的态度，好像也没什么不对。于是，品牌在营销过程中，更加主动营销内容对品牌"态度"的表达，极为重视与精准客户进行深度沟通，以获得目标用户对于品牌的认同与信赖，并最终转化为对品牌的消费。

罗振宇曾说过，互联网时代，特别是移动互联网时代，品牌是基于人格魅力带来的信任与爱，是品牌的去组织化和人格化。[1] 互联网时代，特

---

[1]《ZMAX对于体验经济时代的消费者洞察》，搜狐网，2021年7月20日。

别是移动品牌说什么话固然重要，以什么样的形象说更加重要，一个有个性、有态度的品牌形象，才能更好地与消费者对话。

网易的态度营销分为态度前沿、态度短视频、态度公开课、态度案例、态度H5，从不同角度、以不同的形式、借助不同的媒介，传递出网易的品牌态度。

面对叛逆又渴望被认同和理解的"Z世代"[①]，用态度"圈粉"是品牌营销的有效策略。品牌的"态度"可以通过KOL（关键意见领袖）传递到整个圈层，达到用态度留住圈层受众的目的。

"Z世代"或者独居人士的最大生活特征是"宅"。因为一个人，所以懒得做饭、懒得逛街、懒得交际、懒得……于是，"宅文化"在人们非情愿的情况下诞生了。据相关媒体统计，2021年我国的"宅文化"消费者规模突破了4亿人。尤其是在2020年新冠病毒感染期间，14亿多人全体"宅家"，共同培养了新型"宅经济"的消费习惯，与"宅"相关的细分赛道迎来了爆发式增长。[②]

如果说外卖、快递是"宅经济1.0"，那么生鲜电商、在线教育、远程办公等就是"宅经济2.0"。在"孤独经济"的不断作用下，更多新的消费品类与品牌即将诞生，"宅经济3.0""宅经济4.0"已经在向我们走来。

既然说到了新冠病毒感染，就不得不聊聊"口罩经济"[③]。口罩，这个细分到不能再细分的领域，在新冠病毒感染暴发之前根本没人在意，在疫情暴发之后，却成了日常必需品。价格也是几经波动，最贵的时候甚至

---

① 《最新人群"Z世代"的生存状态》，《中国青年研究》1995年第5期。

② 《万亿宅经济走红，就业与消费酝酿颠覆式变革》，澎湃政务，2022年1月29日。

③ 《新冠肺炎疫情下的"口罩经济学"》，中国周刊网，2020年3月2日。

"一罩难求"。人们将口罩制造机戏称为"印钞机",一只只口罩就像一张张钞票一样。

随着新冠病毒感染逐渐常态化,口罩的热度又由急升变为平缓,但在各大奢侈品牌及潮牌的推动下,口罩逐渐从消耗性医疗必需品演变成为时尚单品,口罩被打造成一种结合风格与实用性的配饰单品。

不论是广泛的态度营销,还是简单的"口罩经济",因为消费市场迎合了大众的各类需求,使得消费者可以在消费时尽量展现个性,每个人都尽量表现得与众不同,个体行为就会被独立出来,这就是为什么消费市场细化可以支持个体行为孤独。其实并不是真的孤独,而是为表现个性而显得独特,不同于其他人的独特性正是当代"空巢青年"热衷追求的个性化。

工作成本攀升拉动内心孤独

狄更斯说:"这是最好的时代,也是最坏的时代。"①

21世纪的年轻人处于物质优渥的年代,同时也因为商业的极度繁荣让他们的生活压力倍增。

脉脉数据研究院联合小猪短租发布的2017年度白皮书《孤独经济》显示:61.47%的职场人平时会感觉孤独。② 与其周围是否有人没有关系,就是内心有孤寂感。造成孤独的原因基本离不开背井离乡、经济窘迫和事

---

① [英]查尔斯·狄更斯:《双城记》,作家出版社2015年版,第8页。
② 《孤独经济产业链打开近六成职场人会为孤独消费》,《华商报》2018年1月18日。

业受挫。

孤独经济是针对一个人的消费与服务,且更多地出现于在大城市打拼的年轻人群体中,他们中的大多数由于工作生活节奏快、社交生活圈子较小、生活环境漂泊不定等各种原因,主动或被动地选择、接受一个人独处。这些与父母亲人长期分离、单身且独自租房居住的年轻人,被称为"空巢青年"①。他们远离故乡和家人,缺少家庭慰藉,缺乏感情寄托,独自在大城市奋斗打拼。一面是大城市的繁华和庞大,另一面是自己的"蜗居"和渺小,因而放大了他们内心的孤独感。

"空巢青年"是一个群体,也是一种生活方式,是伴随着社会经济发展和城市化进程加剧而出现的。他们通过接受并消费孤独来寻求宣泄情感的出口。白天,他们在繁华的城市里忙碌;晚上,他们就成为孤独经济的一分子。

漂泊于大城市的年轻人,心中总是升腾着希望的火焰,只是火焰的力量有时候不足以照亮容身之处。工作成本的不断攀升,让他们时刻感受内心的孤独。

工作成本不只是表面上的经济成本,更是藏在更深处的、为了梦想拼搏的时间成本、精力成本、人际成本、能力成本等方面的总和。

要想在大城市站稳脚跟是非常不容易的,竞争对手太多、竞争压力极大,每个人都在尽最大的努力活着。一天只有24个小时,对于大多数"空巢青年"来说,大部分时间都被某种形式的劳动占用了,留给人们联络情感的时间和精力并不多。许多人疲累到没有时间去看望家人和维持现

---

① 《"空巢青年":品味成长,学会筑巢》,《中国青年报》2021年3月10日。

存的友谊,更不用说去创造和培养新的友谊了。

当一个人每天的大部分时间都被工作和必需的学习占用了,再加上通勤、吃饭、做家务、休息,社交时间通常会被排在待办事项列表的最底部,很多人甚至干脆不安排社交时间。而且,交际是需要经济支撑的,情感也需要一定的物质来衡量。在当今发展极快的时代,可以免费或便宜地度过社交时间的公共空间越来越少,总不能每一次都去露天公园或者遛马路吧!因此,对于那些在大城市打拼、本就工作生活压力较大的年轻人来说,拓宽社交领域、扩大交友圈层成为相当耗费精力的"任务"。之所以称之为"任务",是因为不得不为之,若非"不得不",根本就不会选择社交。

既然能有效摆脱孤独的社交生活是留给负担得起的人,多数人就只能被动地成为不爱社交的"代言人",久而久之,也就真的习惯了经常性一个人。

当然,不排除有一部分人天生就喜欢独处,孤独对这些人而言从来都是享受,但人类毕竟是群居生物,大部分人是不排斥人际交往的。只是如今人们真的很忙,被工作占据了大部分身心,留下的小部分时间和精力就不希望被无效社交浪费。因此,这些拒绝烦琐、渴望个性化的"空巢青年"更青睐轻松不累人的放松方式。这就使直播、短视频、网络游戏等互联网产业的市场规模得到快速扩张。网络世界的好处是,能聊的聊,不能聊的马上拜拜;喜欢看的看,不喜欢看的迅速划屏而过。

除了时间和空间的双重问题外,工作成本的攀升和各种的不平等方面也使得建立真正的关系变得困难,如经济实力、工作能力、社会地位、未来发展等各方面不平等。人类对"社会评价"反应强烈,也可以理解为对其他人的不适应,甚至是恐惧。健康的关系需要相互信任,而各种"社会评价"让人际关系的建立变得困难。

如果我们想要一个不那么孤独的社会环境,就需要将人的需求以及人际关系放在中心位置。然而,在经济高速发展的当下,这种情况短时间内还不会发生。

老龄化造成隔离性孤独

在前几节我们一直讨论当代年轻人的孤独,他们作为孤独的一代,具有怎样的孤独心理与孤独表现。其实,我国最早的孤独群体不是年轻人,而是老年人,但因为老年人在网络时代不具有空间性话语权,他们的需求大多都被忽略了,所以老年人的孤独更多地被隐藏了起来。①

在我们讨论"空巢青年"之前,多想一想"空巢"的首期主人——老年人,即"空巢老人"。他们通常伴随新中国一起成长,为国家的强大奉献了自己的青春,到了老年,因为时代的快速发展而掉队了,且被越拉越远。谁来倾听他们的心声?谁来关注他们的需求?含辛茹苦养大的儿女也因工作和生活的压力而不能时常陪伴在身边,面对科技化蔓延如此迅速的时代,他们好像被隔离了出来,成为独特的群体,更确切地说是不那么受欢迎的群体。

时代的任何进步都忽略了老年人的需要,更不会照顾老年人的需求。比如,新冠病毒感染期间,去哪里都需要健康码,没有智能手机或者对智

---

① 《老年人孤独感及其 4 种原因和影响》,腾讯网,2020 年 4 月 19 日。

能手机操作不熟练的老年人，一下子变得孤立无援。怎么扫码？什么是健康码？健康码在哪里？这些在年轻人看来十分可笑的问题，对于老年人却是实实在在的新事物，他们不是不想用，而是真的不会用。

新冠病毒感染之前，城市中越来越多的场所实现了扫码支付，许多地方的办公方式实现了无纸化，甚至是无人化。年轻人大呼"好用"，老年人却一脸迷茫，怎么就不需要付钱了？怎么就不需要填表了？怎么就没有人给我办理业务了？

没有人希望被时代抛弃，只是有时候时代的脚步迈得太快了，一些腿脚不太利索的老年人难以跟上，这是正常的。一辈子的思维习惯，不会因为时代变了，就能一下子转变。早已习惯付钱、找钱的老年人，对于扫码支付一定心存疑虑。早就对填表办事烂熟于心的老年人，对于不用填表就能办事的程序必然无法很快地接受。对于人对人服务的改变尚且不能适应的老年人，要如何接受无人化呢！

在年轻人享受时代发展带来的诸多好处时，老年人正在因为时代的发展而越发难以适应，自己成为到哪里都会给别人带去麻烦的人，对于在任何艰苦岁月都不曾低头的一代人来说，这是非常沉重的心理压力。他们渴望能够跟上时代，但时代并不会等他们。

儿女都用微信交流，自己为了能和孩子有更多交流，也必须使用微信。我认识一位母亲，虽然小学时候学过拼音，但早就忘记了，为了能和女儿交流，在智能手机尚未普及的年代，她将自己老年机每个键上的三个字母都背了下来，用来给女儿发短信。后来换了智能手机，采用了做笔记、录音、画图等各种方法，硬生生地记住了如何通过微信和女儿语音和视频。①

  天底下像这位母亲一样的父母应该还有很多，他们没有其他的办法，只能靠原始的方法学习先进的科技。然而，一个人能有多少精力呢？尤其是老年人，学习能力本来就很差了，还要学习这些科技前沿的新知识。除了自己的孩子能调动他们最大的积极性，其他情况下，恐怕他们就没有迫切的学习欲望了。这不能怪老年人不爱学习，而是他们的学习能力不允许了。

  老年人不应该成为时代的牺牲品，因为他们曾经是最伟大的贡献者，但当不可逆的老龄化时代碰到了不能等的科技化时代时，两者间的矛盾就无法调和了。

  复旦大学人口与发展政策研究中心主任彭希哲教授谈道，"随着社会经济的高速发展，人类的寿命不断延长，健康状况也越来越好，出现越来越多的老年人也是一种无法避免的自然现象。"②

  老龄化社会并不是我国独有的问题，很多发达国家早已被困扰多时，紧邻的日本更是深陷老龄化泥潭。每一年的过去，都意味着又有一批人步入了老年人行列，作为曾经为国家奋斗一辈子的人，他们不应该在老年阶段被孤独感包围。虽然解决老龄化造成的隔离性孤独是一条艰难的路，但我们的国家始终没有忘记、更不会放弃老年人，相信在不远的将来，老年人也会非常从容地生活在被科技与爱包围的环境中。

---

①《当老年人遇上智能手机："老朋友"们的"新问题"》，澎湃新闻，2022年5月6日。

②《别再说自己老了，你离"老年人"已经越来越远了》，北晚在线，2018年5月22日。

第二章
孤独经济是现代性的情感延伸

"孤独经济"不等于"孤独社会",人类本来就是社会化的动物,现在的孤独状态只是大部分人必然要经历的一个阶段而已。那么,孤独经济能反映在哪些具体方面呢?或者说孤独经济的现代性形式是怎样的呢?

创造话题，反常识中制造热点

世界永远是在变化的，从未停下来。正是因为不断变化，所以我们不能一味地拘泥于常识中，画地为牢。

几千年前，人们认为地球是方的，太阳和月亮每天东升西落；同时也认为地球是中心，太阳、月亮、星星都围绕地球转。这种常识顽固到不容打破的程度，欧洲文艺复兴首先挑战的常识就是"地平说"和"地心说"，后来人们又挑战了更加进步的"日心说"，这才有了今天的宇宙观。

与此类似的还有"进化论"，也是在先驱的带领下，人类才逐步认识和接受了自己是从动物进化而来而非女娲或上帝创造出来的常识。

后来，人类发现了原子，科学家们对外宣称原子是构成物质的最小颗粒。美剧《老友记》[1]中，菲比对古生物学教授罗斯说过一番话，大意是从她懂事起就被告知原子是最小的，后来又说不是了，现在告诉我的这些，多年后是不是又不对了？

菲比的话在不经意间带出了世间万物的变化性，今天所谓的常识，到了明天或许就不是了。不是因为今天的常识是错的，而是因为时代发展了、科学进步了，我们的认识也更深入了。人类之所以能认识到那么

---

[1]《老友记》（*Friends*）是美国全国广播公司出品的系列情景喜剧，该剧于1994年9月22日在美国全国广播公司电视台首播，全剧共十季。

多新的常识，是因为具有挑战意识。我们不是要质疑一切，进而挑战一切，而是要具备随时敢于质疑和挑战的意识，勇敢地突破常识对我们的限制。

孤独经济本身就是反常识的存在。人们的常规认识中，孤独的人是不善于消费的，因为消费需要氛围、需要被需求，"一人吃饱全家不饿"的人有什么消费氛围和被需求呢？但现实已经给出了最好的答案，"空巢"的人同样需要保证生活质量，甚至有更高的生存要求，一个人创造出的消费氛围和需求一点儿不比一家人的少。当一些仍然不了解"空巢青年"生活的人还在为看似孤独的年轻人感到悲哀时，"空巢青年"已经将生活过得有声有色、绚烂多彩了。

当代"空巢青年"早已被各种信息狂轰滥炸，对常识类的"新鲜"已经免疫了。如果能在反常识中创造出新话题，反而更容易被发现。

曾经我们以为游戏只能在现实中玩，1985年前出生的人对此应该很熟悉，年少时的小伙伴或许都成了未来的死党；后来有了游戏厅，各种速度的、射击的、灵巧的、益智的都可以在小屏幕上呈现，"超级玛丽""魂斗罗""俄罗斯方块"成为一代人的回忆；再后来有了网吧，游戏更加拟人化了，"帝国时代""红色警戒""魔兽""传奇"等成了经典……

一路走来，游戏的规模好像越来越宏大，即便是手机小屏幕的游戏也离不开复杂的内容设定和绚烂的游戏界面。就在此时，反常识的游戏出现了。你是否还记得有一款突然爆火的手机网游"旅行青蛙"———一只小蛙，随心情做着自己想做的事，不需要"铲屎官"做什么，就是看着它每日做什么就好了。

当年"旅行青蛙"爆火时，在年轻群体中几乎达到了"人均一蛙"的程度，甚至各大新闻频道也加入"聊蛙大军"①。接受采访的年轻人说出了广大玩家的心声：小蛙每天孤孤单单地，又忙忙碌碌地，过着既"宅"又不"宅"的生活。就像看着自己的孩子，担心它会不会饿到，出去玩儿会不会遇到坏人，什么时候才会回来……

在其他游戏都在热度、速度、难度等方面做文章时，这只小蛙另辟蹊径，走了一条"孤独"的路线，游戏的主角自己决定做什么，游戏的玩家成了"看客"。正是这种"看客"的身份让玩家的内心产生了别样的感觉，好像自己是老母亲或老父亲，看着自己的孩子独自成长、独自经受风雨，自己只管做好后勤。

反常识本身就容易带来热点，如果热点确实又"热"到了人们的心坎儿，就会形成热浪席卷而来。

场景刺激，先夺眼球，后占心智

人们为什么喜欢看电影大片？一个很重要的原因就是场景刺激，观众可以通过荧幕感受那份现实世界中无法感受到的震撼。其实，每个人心中都有一个英雄梦，但能成为英雄的凤毛麟角，自己做不成英雄，就看着荧幕中的英雄完成心中的向往吧！

电影大片往往拍出来就相当于成功了，电脑制作的酷炫特效就可以抓住观众的心。这就是场景刺激的威力。

---

① 《平静中追求和解　那些养蛙的年轻人》，《时代周刊》2018年2月6日。

当我们进入一个环境中，最先看到的是布局场景，所以现在很多店铺都一改昔日传统布局，向着个性化、潮牌化、浪漫化方向发展。无论是主动求变还是被动改变的经营者，都不得不向时代屈服。

对于年轻人而言，每天只有下班后的时间是真正属于自己的，他们迫切地希望过好这一小段宝贵的时光。于是，像深夜食堂、露天 Party、小酒馆、LiveHouse 等众多夜间业态渐次出现。他们一改传统销售模式的布局场景，往年轻人的心理需求上靠拢，通过浪漫有趣的场景、新潮刺激的玩法、温暖走心的宣传、音乐酒精的加持等多种途径，为年轻人提供可以停靠的温馨港湾。正是他们的存在，将大量独立存在的个体聚集起来，使他们在排遣压力的同时丰富生活的色彩。

自成一家是好的，联合发展更能获客。例如，北京朝阳合生汇的 21 区 BLOCK，通过与品牌的强强联合，在美食+零售+体验的基础上叠加时间、空间、场景的创新升级，如在空间上延展跨越楼层、在时间上策划分时营销方案以及 24 小时用活动填充场景，形成了以年轻消费群体为核心的生态圈以及音乐、娱乐、传播、电竞等资源共享的联盟。[①]

年轻人不仅追求休闲的广度，也追求梦想的深度，他们需要停靠的不仅是身体，还有精神。

总之，场景刺激就是给用户设计一个与产品产生关联的具体场景，通过用户对场景产生共鸣来实现品牌概念的传播及刺激消费的目的。最佳的场景刺激是让用户心中产生在某个特定场景就应该使用某样产品或者进行某类消费的概念。

[①]《"好玩"升级，合生商业发布 21 区 BLOCK 2.0 版》，《新京报》2019 年 12 月 18 日。

纳入社群，为好奇心设置表达出口

社群广义而言指在某些边界线、地区或领域内发生作用的一切社会关系。它可以指实际的地理区域或是在某区域内发生的社会关系，也可以指存在于较抽象的、思想上的关系。

在网络时代，社群通常被定义为网络社群，是群体网络化的社会关系总和。已知科技的发展带动了当代人们的思维孤独，换句话说，人们更愿意通过网络发表自己的看法。[①]"空巢青年"虽然在现实社会中更多是独来独往，但在网络上更愿意扎堆，各种可供聚会的网上平台从来都是热闹异常。以互联网技术提供的强大媒介为基础，基于个体表达和获得认可的现实需要，各类具有共同目标和利益的群体跨越了种族、阶层、地域等因素的限制，在社交网络空间汇聚成具有集体归属和情感共鸣的网络共同体。

网络社群分为两大类，一类是以参与协商、制造舆论和生成群体记忆三种途径介入社会公共事件的随机性社群，具有变动性和去中心化的特点；另一类是以兴趣爱好召集、商业传播为主要方式的自发性社群，具有相关性和组织性的特点。

随机性网络社群参与公共事件，享有共同的诉求、利益、信息和关系，并以符号化的形式和意义固定下来，逐渐从"弱关系"走向"强关系"。

---

① 《为什么有那么多人愿意在网络上发表自己的意见和看法》，知乎，2020年7月10日。

参与公共事件是网络社群日常生活的一部分。社会风险议题往往会引发全社会的热点聚焦，网络社群以一种隐蔽的方式产生影响个体情感和行动的意识形态，通过达成意见共识为社群的实践活动提供持久的内驱力。

网络社群的参与方式包括以下三种。

（1）主动积极表达意愿：社会公共事件往往会在网络上引起热议，互联网和新媒体提供了更加便捷的手段，拓宽了个人参与表达的途径。

（2）共同围观创造舆论环境：围绕某一具体公共事件进行转发、评论、点赞，以"静观其变"的姿态共同关注事件的进展。"围观"是特殊的看，会产生一种暗示性的压迫感和督促感。若网民蜂拥而上、众声喧哗，就会制造出网络世界的话语冲突和戏剧色彩浓厚的媒介奇观。

（3）群体记忆实现情感共鸣：在重大社会事件的建构中，经历了社群成员的情感培育和记忆唤醒，将具有共享意义的文化符号注入个体的现实生活。比如"520"并非传统节日，也非舶来品，只是因为谐音，就成了大众情感表达的出口之一，并逐渐形成一种文化符号。

无论是以上哪一种参与方式，都呈现两点共同性：一是在公共事件的传播和发展中，网络社群发挥着联结个体与社会的作用；二是随着事件经历爆发、高潮、衰退等舆论周期之后，围观的网民会相继散去。

上述随机性网络社群并不是本节讨论的重点，我们要重点关注的是依托网络而形成的具有商业传播功能的自发性网络社群。

自发性网络社群由于个体趋于一致性的兴趣、爱好及价值观念，社群成员在虚拟空间中自发聚集，通过达成意见共识、文化认同以及集体动员，最终转化为一致性的行动。

依靠媒介技术和媒介产品运行的网络社群，在社群成员的交往互动中打上了媒介化的烙印。比如十几年前非常火爆的天涯社区，聚集在内的成员依据各论坛板块分化，或者只参加一个论坛，或者多个论坛兼游，各论坛的级别则是群成员的身份象征。因此，网络社群在虚拟空间中表现为一种媒介化的虚拟符号。网络化的群体基于节点与节点之间的相互联结，构成了网络社会的基本单元。

在日常交往与交流互动中，各社群之间也存在明显的志趣边界。在商业事件的不同时期和不同阶段，各社群内部的观念和价值导向都能成为主导社群行动的指南。

下面详细阐述如何将用户纳入社群以及用户在社群内会做些什么。此处，我们引入"同心圈"①概念。

"同心圈"是一个成长体系，层层递进地帮助进入者学到更多东西（见图2—1）。在"孤独经济"时代，人们更趋向于在网络中拉近与人的关系，表达自己的观点，或者听取他人的观点。"孤独经济"的新消费观，大部分对应着以下4个"圈"的需求。

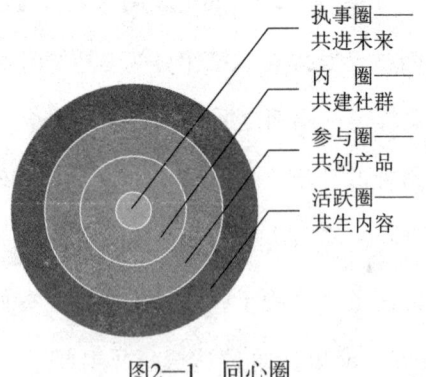

图2—1 同心圈

---

① 参见徐翔:《社交网络意见领袖"同心圈层"：现象、结构及规律》，《深圳大学学报（人文社会科学学报）》2022年第1期。

（1）活跃圈：加速成员融入社群的有效方法。人人都期望表达，前提是给出合适的方法、机会和平台，比如各类点评、抖音、快手、小红书、B站等。

（2）参与圈：产品演进的新势能。人人都想创造点什么，用于实现自我满足，比如购买虚拟皮肤或在现实世界中玩COSPLAY。

（3）内圈：新社群自生长、自发展的驱动力。人人都希望被重视，成为大家眼中的特殊存在，比如混沌学园的创新领教、阿那亚的社群群主、蔚来的地方站长等。

（4）执事圈：更大权力、更多责任，一起成长。人人都想跻身某个负有盛名的管理圈，获得权力、身份和被尊重，以更大的话语权参与其中。

4个"圈"分为两大部分，内圈和执事圈属于内层。进入内层的成员会发现，在这里诸人诸事都联结在一起，已经超过了用户、忠诚会员、超级用户、超级"粉丝"这样的名头，而成为主人。因此，内层不分等级，每个部分都是独立的中心，但每个部分又彼此相连。

内层的成员一定是从外层突破而来，突破的驱动力就是好奇心。可以是对产品使用的好奇心，也可以是对竞品的好奇心，还可以是对帮助他人答疑解惑充当"老师"的好奇心，更可以是具有强烈成长欲望和渴望成为"意见领袖"的好奇心。"同心圈"社群体系的建立，离不开各圈级成员的共同运作。

2005年，"乐高大使"计划推出，要从全球30多个成年人玩家社群中挑选出20名"大使"，担负向全世界乐高成人"粉丝"群体传达信息和搜集玩家意见和建议的重任。①

---

①《乐高推出变形金刚积木引热议，如何解锁成年人的流量密码？》，中国玩具婴童网，2022年6月2日。

乐高在全球各地举办活动,"乐高大使"在活动中展示他们对乐高产品的热情,并引导玩家展开想象力。英国版《乐高大师》每集吸引200多万名观众,美国版《乐高大师》成为美国18—49岁成年娱乐节目中的第一名,中国版《乐高大师》已经于2021年10月在深圳卫视播出。

这些"乐高大使"都来自社群的外层(活跃圈和参与圈),从点赞、分享、与其他成员互动解惑开始,到引领其他成员融入和关爱其他成员成长,逐步进入内层(内圈和执事圈)。由此可知,活跃圈和参与圈不仅要共生内容和产品,还承担着寻找挖掘同品牌"对眼"的人,通过社群不断挖掘他们、培养他们,并将他们输送到深度联盟中,成为品牌、无形资产的组成部分。

如果将社群比作一枚鸡蛋,内层是蛋黄、外层是蛋清和蛋壳,那么其中参与圈是蛋清、活跃圈是蛋壳。活跃圈就是社群的基石,为整个社群的发展提供保障。

然而,并非所有人都想要进入内层,一些成员就喜欢待在更为舒适的外层。因此,重点不是让所有人进入内层,而是通过通往内层的旅程,创造"共赴山海"的参与感,创造"共生共利"的成就感。

有人当年在天涯论坛隐遁多年,始终在活跃圈潜伏着,偶尔出来说几句,大部分时间都是看着别人讨论。这样的人同样是天涯的宝藏,因为任何社群内这类人永远是多数,那些喜欢表达、喜欢发言、喜欢讨论的人总是少数。少数在说,多数在听,偶尔参与,这就是一个良性社群。

所以,活跃圈的"共生内容"要求并不高,无所谓表达什么,也无所谓表达的对错,重要的是表达出内容,哪怕只是一个赞。共生内容的核心在于"共生",而非"自生",假如仍停留在自己创造内容、生产内容、发布内容的阶段，时代前进的车轮将会毫不犹豫地将其碾碎。

"一切商业皆内容"①越来越成为品牌运营共识，而内容不会局限于一定要发表多少字，那是写命题作文，不是共生内容。当用户因为使用产品或吐槽产品而自发形成社群时，就一定会有活跃的用户和不活跃的用户，他们都是共生内容的一部分。

共生内容是论坛时代的产物，在微博、贴吧时代广泛流行，成就了小米、京东、美团点评这些互联网传奇，又在新技术的支持下形成全新的内容创造与分发模式，如B站、小红书、抖音等。

想要和用户"共建社群"，就需要对共生内容有以下四个新的认知。

第一，战略认知。这是将共生内容提高到战略高度。社群的内容能力正成为社群的核心能力，内容本身就是社群的需求，是社群存在的价值。

第二，期望认知。这是"空巢青年"对"共生内容"的新期望。"空巢青年"对社群的期望，不仅是新审美和新文化，也不止于温暖和归属，而是通过与志同道合者探索更广阔的生活空间，扩展其对真实世界的感知力与理解力，并获取新力量。"空巢青年"不是"寂寞青年"，他们不会将时间和精力浪费在缺乏意义的事情上，他们迫切希望通过社群获得让自己不断进步的东西。

第三，创造认知。这是社群的创造机制，比创造内容更重要。最好的社群是拥有一个内容养成机制，不再依靠内容开发者和传播者就可以自生长、自组织、自传播。

B站能够在诸多资本网站中独树一帜，弹幕的形式功不可没。看视频

---

① 《吴声：一切商业皆内容，一切内容皆IP》，搜狐网，2017年10月23日。

的人将自己的观点和情绪，通过弹幕的形式即时反馈回去，又获取其他人的弹幕，完成一次简单而有趣的"共生内容"。

第四，反馈认知。这是建立正反馈系统。任何一个人的表达都应该被重视，并且到达该在的地方。（1）点赞即认同：最快捷的正反馈系统，代表的是一份认同和收获。比如，B站的"一键三连"、抖音和快手的刷礼物等。（2）分享即获取：分享越久势能越大，分享越多获取越多，比如成长值、社交链、信用级别……瑞幸咖啡以分享优惠券为起点，融生出分享活动、分享氛围和组队分享社交……分享者除了获取优惠，还有其他惊喜。（3）回复即尊重：好的内容如何被知道和认可呢？重要的不是采纳，而是回复。比如，喜茶的微信下每一条留言都会得到运营者的回复、雷军依靠早期微博论坛一个个回复赢得了小米的"粉丝神话"。（4）成长即融入：所有的内容创造者都应该得到奖励。比如，为了激发成员与NIO Radio共生内容，蔚来推出奖励政策：车机收听NIO Radio，根据每周活跃度获得0—5N；加入NIO Radio Club，一次性就可获得5N；参与NIO Radio节目录制可获得1N—10N；担任NIO Radio的城市频道分站长，可获得50N蔚来值等。①

正反馈系统是加速成员融入社群的有效武器，比付费和促销更有效。当每一个内容都得到反馈，每一次贡献都有激励，每一份心血都被关注，就会形成一种全新的力场——在乎力。

只有成员参与社群建设，或者点赞分享，或者创造内容，或者共创产品，主动为自己关心的社群作出贡献，甚至拿出自己的资源与品牌共谋发

---

①《"新社群"打造九大法则8："共建共创"——画个层层递进的"圈"》，数英DIGITALING，2022年6月8日。

展,品牌才能健康成长。

小世界化,将日常细节赋予情感和温度

好莱坞黄金时代巨星葛丽泰·嘉宝有句名言:"我想一个人待着。"① 后来她践行了这句话,在36岁时就息影去享受一个人的生活,为世间留下了不胜遐想的一抹美丽的背影。

在80多年前,如果谁想一个人待着,就意味着孤独或者他是一个孤独的人,但如今,想一个人待着已经成为很多年轻人的标配。"对不起,对人过敏,让我一个人静静。"很多人虽然没有说出这句话,但在行为上完全表现出来了,美其名曰"社恐",其实就是"小世界化",或者叫"富精神化"。人们越来越意识到,扎堆待在一起和认知能力的提高并无关系,相反更多的独处反而更利于自省、学习和成长。

如今,人们的生活和消费方式、情感取向和世界观都被"孤独经济"影响和塑造着。"孤独经济"催生了"小世界"的定制打造。无论是乐器、轮滑、街舞、手工等才艺类兴趣,还是烘焙、花艺、香道、茶道等文化类兴趣,都是青年群体彰显"小世界"独特性的方式,他们通过为日常细节赋予情感和温度,打造仪式感来对抗孤独感。

对于"小世界化"概念的解释,可以从空间类型和人群特质两个方面展开。以城市人的活动范围为标尺,城市空间可简单划分为:自我空间、社交空间、公共空间,分别对应不同的特质(见图2—2)。

---

① 葛丽泰·嘉宝在《大饭店》(Grand Hotel)中的台词,被广泛引用。

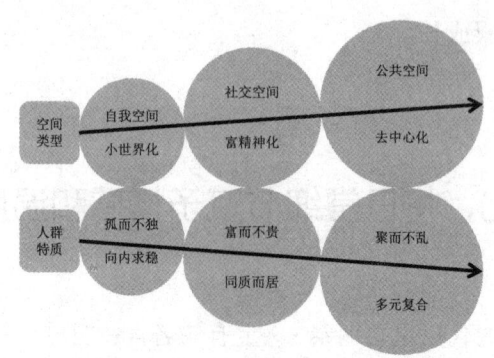

图2—2 城市三大空间趋势与人群特质

1. 自我空间的小世界化

孤而不独，向内求稳。随着家庭结构的多元化，独居成为越来越多年轻人的生活常态。"孤独经济"已成为趋势，各类打着"一人""迷你""单身"招牌的快消行业正加速布局，大宗消费品也赶上了"孤独"的浪潮。

无论是租还是买，年轻人都在不遗余力地让自己住得更好。过去那种"租房子就是凑合"的想法已经被淘汰了，为了临时的家"豪掷"一笔装修费用的人越来越多。尤其是传统的"老破小"房子更是在不能容忍的范围内，改造目标是 INS 风的品质空间。

年轻人在意的不是房子的所有权，而是使用权，"租住阶段，就等于是我的"，品质生活不能因为一个字的差异就被破坏了。

虽然年轻人白天的时间大部分都用来工作，并不在家里，但居家生活至少占据每个人生活 1/3 时间，房子不只是用来睡觉的地方，年轻人更倾向于把居住空间当成自己内心世界的外显，不仅要高效宜居，更要彰显品位。

自己的小家就是一个小世界，孤而不独、向内求稳是年轻人的独居秘籍。

2. 社交空间的富精神化

富而不贵，同质而居。资本与技术无疑给我们的生活带来了便利，但也让我们的"附近"慢慢模糊，甚至逐渐消失。通过动动手指，就可以得到一份足以饱腹且味道不赖的外卖；简单扫个码，就能解锁一部共享单车，抵达并不远但又懒得走的目的地；微信上的"零距离"互动，可以很快地完成沟通；在 App 上操作一番，就会有各种食材送货到家……可见，资本与技术带给我们的不仅是便利，还是生活场域的陌生化。

"附近的代偿"，探店①是年轻人的生活方式。习惯或者喜欢独居的年轻人可能对对门住了几年的邻居一无所知，对于隐藏于某处的网红店却一清二楚。个体原子化生存的同时，也在逆原子化寻求社交与联结。不受关注的"附近"的消失，也催生了因共同兴趣而产生的体验性联结。

"激情的代偿"，不被效率所制约的兴趣才是最珍贵的自我财富。即时可得是互联网带来的高效，但也隐含了浮躁。越追求深度自我，越明白激情是难得的。生活在快节奏、高效率城市的"都市打工人"，更容易被"慢"吸引。这也是近几年手作馆、DIY 工坊等"慢空间"②能大量引流的原因。

"自我的代偿"，寻求第三空间不可估量的价值潜能。以物理场域的转换唤醒精神层面的共鸣，越来越多的年轻人愿意去自习室看书、去咖啡馆聊天、去城市洞穴与自己对话。

3. 公共空间的去中心化

聚而不乱，多元复合。互联网带来的效率提升是史无前例的，以新技

---

① 《什么是探店？探店类内容怎么做？》，搜狐网，2019 年 8 月 8 日。

② 《小世界化、富精神化、去中心化，实体空间的未来怎么样？》，搜狐网，2021 年 1 月 14 日。

术为核心的新业态模糊了原有的物理边界，年轻人的工作和生活更加科技和高效。

都市人若希望生活得更有效率，这就需要居住、工作、娱乐、消费等各种场景能在临近甚至整合的空间里出现，因而城市有了越来越多的产城融合的综合体。

数字时代的公共空间至少肩负着三层任务：（1）功能满足是基础，空间能搭建什么样的场景、能做什么事；（2）数字提效是手段，线上与线下融合，数字化技术赋能业务，方便用户；（3）内容运营决定复购，内容吸引流量，运营维护流量。

空间产品化的价值，在于可复制、可迭代、可连接。不管是宏观的城市空间更新，还是微观的个人兴趣迭代，都为日常细节赋予了更多的情感和温度。

贩卖孤独，越扎心越吸粉

在小说集《寂寞的游戏》[1]里，作家袁哲生这样写道：我想，人天生就喜欢躲藏，渴望消失，这是一点都不奇怪的事；何况，在我们来到这个世界之前，我们不就是躲得好好的，好到连我们自己都想不起来曾经藏身何处？也许，我们真的曾经在一根烟囱里，或是一块瓦片底下躲了很久，于是，躲藏起来就成了我们最想做的事。

---

[1] 袁哲生：《寂寞的游戏》，北京联合出版公司 2017 年版。

在生活节奏如此快的今天，人们很容易就迷失在空间和精神的双重冷漠中，化为城市中的最小原子。这也完美映照了齐美尔对现代城市生活的预言：人们在任何地方都感觉不到在大都市人群里感到的孤立与迷失。因此，孤独总是带着两面性，一面是新时代年轻人的"独立宣言"，另一面又是年轻人需要迫切逃离的负面情感。

在国内，有关年轻人和孤独的讨论发端于"空巢青年"，生长于"一人食"的流行，成熟于宠物经济、单身经济、悦己经济等消费话语的兴起。①在某种程度上，由孤独带来的"孤独经济"确实改变了社会的经济结构。

你说"80后"感叹孤独，或许还好理解：走着走着，人就到中年了。一个人待得太久了，又与身边的人无话可说。

"95后""00后"也在感叹孤独，但他们更多是享受孤独，而非无奈。他们有一种"孤乐主义"心态，与其在人群中委曲求全，宁愿选择独自一人。

《东方快车谋杀案》②中有句台词：有制服，就一定有穿制服的人。那么，有了"孤独经济"，就一定有贩卖孤独的人。任何可以转化为商业模式的经营行为，都不会被放过，尤其是很应景的那些。在孤独群体越来越多的时代，贩卖下孤独，博一波眼球，未尝不可。

有人说：卖酒界文案写得最好的是江小白。其实应该改一改：孤独界文案写得最好的是江小白。江小白还写出了很多让人感同身受的金句，比如"喝江小白不仅费眼泪，还费烟"。

---

① 《"空巢青年"带动"独乐"消费 一人食餐厅悄然兴起》，人民网，2019年7月26日。

② 《东方快车谋杀案》是英国作家阿加莎·克里斯蒂创作的侦探小说，属于侦探赫尔克里·波洛系列，由英国柯林斯犯罪俱乐部于1934年1月1日首次出版。

孤独经济

江小白贩卖的已经不是酒了,是那些深藏在心里说不出的话,是那些独自一人度过的漫漫长夜,更是那些情到深处却只能咽回去的无奈。

从"语录瓶"到"表达瓶",经历了生活、亲情、友情和爱情,未曾喝一口,人就先醉了。江小白的扎心,真的扎到了心的最痛处。然而,越扎心越吸粉,因为有人替自己说出了始终没有说出的话。下面来看看江小白的扎心文案[①],情感准备,走起:

一个人的行走范围就是他的世界

我们总是发现以前的自己有点傻

走过一些弯路也好过原地踏步

话说四海之内皆兄弟,然后四公里之内却不联系。

有些人你明明不愿意忘记但TA却越走越远

终于说好老地方见却已找不到那家店

青春不是一段时光而是一群人

最怕不甘平庸,却又不愿行动。

愿十年后我还给你倒酒,愿十年后我们还是老友

我们总是走得太急,却忘了出发的原因。

不要到处宣扬你的内心因为不止你一人有故事

多少次朋友圈里的孝顺都不及一次回家

所谓孤独就是有的人无话可说有的话无人可说。

[①]《江小白最全语录瓶扎心文案,哪一句戳中了你的心?》,搜狐网,2017年9月22日。

创造身份需求，独有的品位壁垒

身份需求是商家为了赚取更大的利润而给自己产品涨价找的理由，这种理由以消费者的身份作为掩护，凸显自己高端的地位。

创造身份需求最早的表现为节日送礼。每逢传统节日，一些"天价粽子""天价月饼"[①]就会出现，就是给消费者送上身份界定，"礼轻情意轻"，礼物的实用性是次要的，表达出的意义才是主要的。

"孤独经济"使青年群体的品位和兴趣的表达更易于实现，一定程度上反映了青年群体在经济社会发展中个体独立性的增强和自我意识的觉醒。创造出来的身份需求能够帮助"空巢青年"更好地与时代融合，更愿意接纳目前的生存现状，更利于转化因孤独引起的负面情感。

传统的身份需求是商家赋予的，与其不同的是，如今的身份需求更多是"孤独经济"的消费主体自己创造的，并且他们享受创造的过程和创造后的温度。最常见的身份需求创造发生在人与宠物的关系中，宠物在人的意识中变身为自家的"娃"。

随着宠物饲养观念的广泛普及和宠物行业延伸服务的深度挖掘，再加上消费水平的大幅提升，市场上催生了跨度极大、覆盖范围极广的"宠物

[①]《关于遏制"天价"月饼、促进行业健康发展的公告 答记者问》，中华人民共和国国家发展和改革委员会网站，2022年6月10日。

经济"①。宠咖馆、宠物医院、宠物护理、宠物摄影等相关业态层出不穷。

这些新业态的共同点是产品或服务抓眼球和收费标准高。"宠物经济"中造型修剪是最传统的,包含洗漱和造型两大部分;智能玩具是最新式的,包含宠物独享类别和人宠共享类别;口粮零食是日常性的,包含日常的美味口粮和给宠物"打牙祭"的零食;治病医疗是应急性的,包含日常检查和急症救治。当然,这并非全部,还有宠物旅游、宠物寄养、宠物乐园、宠物学校、宠物交际、宠物墓地等,可谓从宠物的生命伊始到生命终结,只要主人的经济条件允许,宠物都将享受高等级待遇。

在对待宠物上,很多人给自己创造了新的身份——宠物宝妈/宝爸,宠物成了家里特殊的"娃"。虽然和自己不是一个属性的,却像长在心尖上的肉一般,只要在能力允许的范围内,给自家"娃"消费是理所当然的。

一些企业也了解到如今爱狗青年对自家"娃"的深切情感,为了让员工更投入地工作和对企业产生情感认同,企业甚至允许员工带"娃"工作。当然,为了不让这些"毛孩子"影响主人和其他人的工作,企业还特地为它们准备了休息区或玩耍区。里边有食物,也有狗狗蹲便处,"毛孩子"可以在里面享受自由时光。"毛孩子"就这样每天跟着主人高高兴兴上班去,快快乐乐回家来。

其实,在宠物们享受主人高标准的饲养待遇的同时,也通过自己的实际行动温暖着主人的心。曾在短视频上看过一只大金毛。当主人装着哭倒在地上时,金毛赶紧过来趴下,意思让主人趴在自己的身上,这份暖意真的让人蛮感动的。对待这些"不会说话的家人",确实应该不吝心血。当

---

① 《36氪研究院:2022年中国宠物经济行业洞察》,新浪科技网,2022年9月21日。

然也有一些以"捣蛋"博主人高兴的"毛孩子",哈士奇在这方面可谓独领风骚,不过它们在"捣蛋"的同时,也给主人带来了难得的欢乐。

在创造身份需求方面,不仅是人和宠物,还有人和茶、人和棋、人和植物、人和滑板、人和摩托车等,这一部分人往往将自己称为"茶翁""黑白居士""花王""滑板台子""本田小轰达"等。

异化兴趣轴心,修改生活模式

在卡夫卡所著的短篇小说《变形记》①中,主人公格里高尔·萨姆沙一觉醒来变成了一只甲虫。他拖着胖乎乎的新身体试图重新融入世界,却不被接纳,最终以甲虫之身孤独死去。

人们将萨姆沙的遭遇看作现代人身心异化的最佳喻体。他从人化成虫的点点滴滴,也诉说着关于孤独最为深刻的体验。

热闹有热闹的活法儿,孤独有孤独的过法儿。既然身处孤独唱主角的环境,就要想办法和孤独做朋友,将自己孤独的生活过得不孤独。这句话听起来有些拗口,其实就是从生活中寻找朋友。

电影《荒岛余生》中,主人公查克是联邦快递的系统工程师,在一次出差途中,飞机失事,只有查克一个人活了下来,但被困在一座资源贫瘠的无人荒岛上。起初,查克的求生之路非常坎坷,过往的一切生活经验都没用了,他只能从最原始的生存技巧开始,逐一学习。

---

① [奥]卡夫卡:《变形记》,李文俊等译,西安交通大学出版社2017年版。

当他失去现代生活的便利以及人与人之间的互动，生活唯一的目的就是求生，他的人生观逐渐有所转变。当他发现生活的压力顿时消失，便开始反思人生，最后对于工作、感情，甚至对生命本身都有了全新的体会和领悟。

整整四年，查克独自生存在荒岛上，他记住了岛上每棵树的位置，有多少可以利用的资源。四年来，陪伴他的就是一只叫"沃森"的排球，排球上的血手印是他钻木取火未成功的纪念，他在手印上画出了眼睛，从此"沃森"就成了他的朋友，有什么难决定的事情都会先和"沃森"商量一下，再作出决策。

有一天，岛上漂来一张铁皮，应该是某失事船只上的，足可以支起一座"铁帐篷"。这件事激起了查克想要逃离荒岛的决心，在和"沃森"商议过后，他决定离开。将岛上所有能用的资源都用上了，尽量多带食物，他和"沃森"出发了。还未及多远，"沃森"就被一股大浪卷到了海里，虽然查克尽力想救回"沃森"，但最终失败了，他痛苦地哭着和"沃森"告别，说着"I'm sorry!"

之所以用大篇幅讲这个故事，是让大家了解人在极端孤独的时候是怎样的状态。查克是不幸的，一个人流落荒岛四年；查克也是幸运的，只有他在事故中活了下来；查克更是智慧的，他给自己创造出了"沃森"这个朋友。有了"沃森"的陪伴，他就不会觉得那么孤独了！强调一句：查克后来重新回到了人类社会，他也没有任何精神问题。

现代人所经历的孤独和查克的孤独不是一回事，但孤独的状态是相似的，只是我们随时有机会与别人交流。然而，"空巢青年"在很多时候并不是靠与人交流排解孤独的，因为话不投机会加重孤独感。

这届青年用以排遣孤独的方式很花哨，最常见又最让人开心的就是异化兴趣轴心。确切地说，就是将日用品异化为个人兴趣的轴心，比如球鞋、手办、啤酒、耳机、口红等。球鞋不再是一双鞋，而是自己个性和圈子的体现；手办不再只是普通玩偶，那是自己兴趣的代表；啤酒从自己痛快或不痛快时的伴饮品，变成了个人生活品位的指向；流动时代下生活的孤独不再是精神上的贫乏，而是一种建构自我生活空间的表现……关于这些异化将在第九章中作详细阐述。

因此，孤独人士们其实内心既不孤独，也不空虚，他们无须太多社交，自己跟自己玩，就已经很快乐了。

第三章
"空巢青年"写实群像

  从"蚁族青年"到"空巢青年",名称的变化彰显的是社会群体行为的变革。当孤独这一个体情绪凝结为一类青年群体情感意识的共同表达时,它就不再仅是个体的感受,更是青年群体的写实群像。

群居的孤独者

珍贵的一生，伴随着一声啼哭和一场惊喜而来，又跟随着一心释然或一片悲伤而去。生命存活或许不足百年，人生就像走一个过场，演绎了一段状况百出的悲喜剧。

成年后，我们会感到越来越疲惫，因为现实并不那么平易近人，更多的是让人无奈的咄咄逼人，我们无法因为感觉痛苦就敬而远之，只能在不安、痛苦和迷茫的包裹中小心翼翼地前行。被各种"修理"之后，会孕育出怎样的生命呢？我们无从得知，每个人的答案都不相同，于是分出了不同的生命。因为每个生命无法重叠，真正能给予自己慰藉的只能是自己，所以你我都是群居的孤独者，在每日喧嚣中睡去，在孤独中醒来。

宫崎骏说过，我们的孤独就像天空中漂浮的城市，仿佛是一个秘密，却无从述说。[1]

群居的孤独者，默默地关注着身边不断变化的人和事，以一种不排斥也不欢迎的态度接纳着新鲜的一切。

群体性孤独让我们时常感到孤独，却又害怕被亲密关系所束缚。纵然已经身处热闹的人群当中，但还是乐于通过社交网络与他人连线，"人群

---

[1]《宫崎骏：我们的孤独就像天空中漂浮的城市，仿佛是一个秘密，却无从述说》，搜狐网，2022年3月18日。

中的沉默"①成了普遍现象。

因此，与忧虑、自恋等情感一样，我们今天所理解的孤独并非自古有之，而是在历史的行进中不断演化而来的。

19世纪以前，表达孤独的语言更多是孤身和独处，仅仅指离群索居或是孑然一身的状态。到了19世纪，孤独的含义悄然改变，不再单指身体性的体验，孤独本身的情感性被更多的认知。②

当代，在"个体化""世俗化""科技化""城市化"的共同作用下，个体的孤独不再是偶发性的，也不再仅仅意味着短暂的逃离，而是一种心灵居无定所的漂泊感。也就是说，是现代性的进程锻造并打磨了孤独一词的复杂含义。

脉脉数据研究院曾对上万名职场人士进行孤独感调查，结果显示有近61.47%的人平时会感到孤独，③而导致群体性孤独的原因可以归纳为以下四类。

1. 背井离乡导致亲密感缺失

年轻人背井离乡到大城市寻找工作和发展的机会，但身处大城市，工作和居住地都不稳定，使得维持人际关系的可能性越来越低，建立稳固关系的意愿也逐渐消退。再加上工作压力大，建立友情、爱情所需的时间、精力和经济实力都不具备，只能被动地成为大城市里"群居的孤独者"。

2. 消费型社会造就新型人际关系

农耕时代，人们基本居住稳定，流动性小。当社会快速发展，经济急

---

① 《为什么你成了人群中的沉默者》，搜狐网，2017年5月12日。

② 《当"孤身一人"变成"孤独"：一种现代情感的诞生》，《新京报》2021年6月18日。

③ 农郁：《"孤独"如何言说？——孤独的青年与孤独经济》，《中国图书评论》2021年3月23日。

速扩张，生产力到达一定水平，家族群居方式被打破，人们开始进入城市，小家庭成为新的社会构成基础。每个人、每个家庭不再需要相互帮助就能生活得很好，生产生活资料越来越富足，个人对于"我"的边界也更加在意。

3. 社交媒体满足人的多种需求

社交媒体提供与实际面对面交往截然不同的沟通交流方式，打破了现实交流需要满足时间、地点、对象、话题等条件的限制。（1）社交媒体的交流不受空间地域的限制，只要有交流的意愿就有交流的机会；（2）虚拟的社交媒体给人们更多主动性，可以自主选择是否同某个人继续沟通；（3）虚拟社交媒体具有即时性，人们随时随地都可以在网络上跟其他人聊天；（4）虚拟社交媒体给了人们思考和改错的机会，写一句话可以想一想是否恰当，然后再发出。既然虚拟交流的好处多于现实交流，人们自然倾向于对自己更有利的交流方式。

4. 网络依存症催生"容器人"

当今社会很多人被手机和计算机占据了大量的时间，尤其是节假日"宅"在家里，通过网络跟别人联系，因此对社交媒体产生了极大的依赖性，变成了"容器人"。所谓"容器人"就是将自己封闭在网络世界里，好似相互孤立的一个个"容器"，他们内心是孤独的，且由于"容器"外壳的保护，与他人的联系仅限于表面，不能达到内心深处。因此，通过网络交流，并不能修复心理上的问题，孤独感始终存在。

孤独，人人都有，各有不同。无论多么辉煌的身影，转身即是孤独的背影。有时，独来独往不是孤独，人来人往也并非不孤独。因此，活在人群里的人和独来独往的人，都有不同的孤独。心态不同，结果不同。

强者的孤独,就是将灵魂压抑在尘埃里,在最深处迸发,开出一朵惊艳的花。

网上活跃,网下寂寞

"你在网上有 500 万个朋友,但是现实中只有我一个朋友。"奥斯卡大热电影《社交网络》中的绝妙反讽,在我们身边真实而广泛地存在着。

在微信上,你有 500 个好友;在社群中,你有上千名追随者;在微博上,你有一万多"粉丝"……在现实中呢?如果你生病了,病得很厉害,能第一时间想起来给谁打电话吗?能够确信人家会来照顾你吗?

不知身在哪里的网络好友难解"近渴"啊!你翻翻自己的手机通讯录,里边会有好多名字,你都能想起来他们是谁吗?

知其网名却不知其真名的一定大有人在。所谓的很多朋友中,你所知道的其实只是对方的网络名字,对其人一无所知。或许认识了好多年,但如果哪天对方在网络上消失了,你们的社交关系也就终结了。

因为科技发展而兴起的网络社交,的确极大地便捷了人们之间的信息传递和人际互动,但终究代替不了现实交流。人和人之间那种面对面交流的愉悦感和真实感,是再先进的社交网络都无法媲美的。

虽然很多人已经意识到了网络社交具有诸多弊端,但还是会留恋网络,也更愿意进行网络社交,原因在于网络可以隐藏真实的自己,让自己没有负担地去进行社交。

社交负担来自心理,是个体对自己不自信的表现,于是有了"社交恐惧症"。"社恐"严格意义上属于医学范畴，但我们讨论的仅仅是社交中的心理现象。"线上活跃、线下寂寞"是当代"社恐"的集体表象。在网络世界中，诙谐机智、谈笑风生，犹如滔滔江水连绵不绝；而在现实世界中，因为是熟人的圈子，天然地不自在、放不开，即便是同龄人，也不如网上的朋友聊得来。

既然网上可以活跃，说明并非不具备活跃的能力，所以"社恐"要一分为二，"非不能也，实不为也"。多数"社恐"的人，都属于此种类型，"线上狂欢、线下沉默"，有能力但不愿打破社交壁垒。

一位资深微博博主，时常分享美妆、美食、美景，是活跃的网络达人，却从不发朋友圈，理由是"熟人太多了"！

相对于熟人世界复杂的人际关系，我们更喜欢网络世界的直接、纯粹和无功利色彩的朋友关系。同一个人，从线上走到线下就变了样子，究竟变成什么样，就看自己的意愿了。网络世界可以让我们更有效地隐藏自己想隐藏的部分，现实世界则无处隐藏，那种随时可能被看穿的不适感让人们更愿意躲进网络世界中。因此，很多"社恐"的人只是以一种更舒适的社交方式去与人交际。

英国女作家弗吉尼亚·伍尔芙说："不必匆忙，不必火花四溅，不必成为别人，只需做自己。"[1]在以往只能面对面交流的时代，想要真正做自己是极度困难的，人总会有所顾忌；而在以自我为中心的环境下成长起来的一代，他们又确实需要做更真实的自己，恰好在这个时候，网络出现了，所以网络社交只是在正确的时间出现的正确的事物而已。

---

[1]《伍尔芙：不任人摆布，也不随波逐流》，澎湃新闻，2023年1月26日。

不论我们在网络上多么活跃，都必须知道，我们的内心其实并不拒绝与人交往，只是换了种方式。线下我可能是"社恐"，线上我却很健谈。

渴望相系，却恐惧绑死

一位朋友讲起同学会的经历，颇为感慨：

前不久，参加好不容易凑到一起的大学同学聚会，原本以为彼此间多年未见，会有说不完的话、诉不完的情。没想到，十几个人坐到一起后，手机很快成了主角。先是很有卖相的一盘菜刚端上来，其中三个人拍照要发朋友圈，还有两个人拍照要发微博，其他人赶紧也打开朋友圈和微博，为同学点赞助阵。然后，原本应该热热闹闹的饭局就很自然地变成了大家各自低头看手机，时不时抬头夹菜喝酒，寒暄几句。

曾有一段时间，同学会如同禁忌会，因为大家凑在一起总是相互攀比，比得过的自然欣喜，比不过的就尝到了个中苦涩的滋味。如今的同学会终于可以放心地去参加了，因为大家不再攀比了，都被手机绑定了，思维总也离不开它。

为什么组织同学会就和为什么有年节一样，因为人与人之间需要相处，也渴望相处。当真的聚到一起后，却又彼此距离感十足。手机在人与人之间犹如"防火墙"，可以随时通过接电话、看消息、发信息等方式屏蔽不想看到的信息。

无论是名人，还是默默无闻的普通人，都是渴望与他人相系的，良好的互动能让人身心愉悦，互动可以是线上，也可以是线下。电影《楚门的世界》里，那对老夫妻每次看到楚门都会很快乐地对他说，如果再也见不到你，那么祝你早安、午安、晚安。楚门总是会回馈他们"手舞足蹈"的动作。

或许你并未注意，在你的身边也有这样了不起的人，每次相遇，他们总是会热情洋溢地和你打招呼，让你感到高兴、感到温暖。

不可否认，我们都渴望被别人热情对待，因为我们渴望彼此相系。但我们又不善于热情对待他人，因为我们害怕被绑死。"害怕孤单，所以找人同行，但新的不安却从别处涌现。"社会学家齐格蒙特·鲍曼（zygmunt Bauman）将这种关系称为"液态的亲密"。

现实中的更多场景是，同住一个小区、一栋楼，甚至同坐一部电梯的人，相互之间不打招呼，甚至不看一眼，脸上没有表情，在进家门的一刻才放松下来。可能彼此间已经做了 10 年邻居，但见到了仍是陌生人，相互不熟识也不必惊讶。尤其是现在因为新冠病毒感染都需要戴口罩，给了彼此不用面对面一个更好的借口。

我有时会惊讶于人们之间为什么会如此冷漠，但转念一想，既然这是当今人与人相处的必备模式，那么必有其存在的理由。一个相对合理的解释是，现代人的生活节奏快、压力大，年轻人要背负更多的艰辛，也都有自己的边界感，不希望自己的生活被打扰，甚至连一时的思绪都不愿被打扰到。

张爱玲说过，如果你认识从前的我，也许会原谅现在的我。① 没有人可以一成不变，也没有人可以一直活在自我的小世界里，但人人都希望为自己创造一个在必要的时候可供躲避的小世界。

吃"瓜"社交，陌生人的社交新场景

2021 年，最让"Z 世代"感兴趣的是"吃瓜社交"。公共话题的热度与讨论成了年轻人互相交流、增进感情的驱动力。据统计，每 10 个"Z 世代"中至少有 3 个参与吃"瓜"交友的过程。那么，究竟什么是吃"瓜"，又为何要吃"瓜"呢？吃"瓜"又有哪些影响呢？②

"瓜"指网络上各类八卦事件或是能产生舆论的事情，其中有"甜瓜"，也有"苦瓜"。"甜瓜"是纯粹可以用于娱乐的事件，"苦瓜"则是能够让人深刻思考的社会性事件。

吃"瓜"就是在网上看热闹，围观、讨论某人某事的行为。每天的新闻热点和娱乐焦点就是各种"瓜"，在"甜瓜乱坠"与众生喧哗中，描绘了一幅值得深入分析的吃"瓜"群像。

吃"瓜"的集中型网络场景有微博社区、贴吧、猫扑等。以微博社区为例，呈现去中心化表达之后的再中心化趋势。明星与偶像往往是流量汇集的焦点。

---

① 张爱玲：《倾城之恋》，十月文艺出版社 2019 年版。

②《Z 世代年度行为报告出炉："吃瓜社交"获评年度社交方式，"进步青年"成新青年形象》，蓝鲸财经，2022 年 1 月 25 日。

欧文·戈夫曼在《个人日常生活中的自我呈现》[①]中提到，个人日常生活像极了舞台上的表演，只是普通人的表演更多被忽视或不自知，而明星与偶像是典型的"表演"。我们都知道，明星与偶像是靠表演存在的，需要为自己确立"人设"，并强化与统一自身对外的公众形象。而"瓜"通常来自表演之外，或是主动透露，或是被动泄密，公众发现了明星与偶像的私德有亏，是具有极大感官刺激的。因此，"吃瓜"既能满足人类天生的窥私欲，又能满足当下公众的社交欲。

当"人设"崩塌后，公众会通过获取信息与互动的方式挖掘更具真实性的东西，这个过程就造就了"吃瓜传播"和"吃瓜社交"。

虽然"吃瓜"心理人人都有，但吃到"瓜"并非"吃瓜"的终点，公众通过内容实现与他人的连接，在交流中寻找情感共鸣，最终形成"吃瓜闭环"。

在"吃瓜"互动中，大家会寻找相似的价值观，以此来巩固自身立场。以微博为例，公众在微博评论区中拥护与自身相似的观点而"抱团取暖"，从而强化自我认知。

"瓜友"互动不仅实现了对原有价值观的维护，当热点事件与网络素材相结合，就会演变为一种能够创造全新感觉的"游戏"社交。

大量网络流行语的诞生与"吃瓜"事件密切相关，公众通过流行语的形式对"涉瓜"当事人加以调侃，以更为诙谐隐晦的方式表达意见。一些流行语还被公众重新解构，成为日常生活情境中表达情绪和发表观点的固定用语。这种自我发挥与再演绎的过程，也让"吃瓜"成了一种"游戏"

[①] ［美］欧文·戈夫曼（Erving Goffman）：《日常生活中的自我呈现》，冯钢译，北京大学出版社2022年版。

传播。

"吃瓜"全民化一定会带来互动和娱乐,但去中心化的传播方式是否会加剧"共景监狱"(共景监狱描述了一种围观结构,意指具体的个体或对象均有可能暴露于公众的视野中,承受社会公众的围观和监督)的形成呢?

人们在网络生活中的只言片语都被作为数据存储下来,每个人都成了围观者,也都有机会成为被围观者。各社会圈层间,无数的围观者可以形成一股强大的合力,当"游牧"的网民被某件事召集起来,会即刻掉转目光,让被围观者无处遁形,整个网络瞬间就变为一个全景敞式"监狱"。

这种现状就是现实,网络无限扩展了我们的世界,也无限缩小了我们的世界,两者并不矛盾。在网络世界中,每个人既是看戏人,也是戏中人,随时切换角色和身份。既然身处网络时代,我们能做的除了适应,还有不断提高自我认知,以最大可能鉴别网络世界的真伪,不让自己成为网络繁华世界里的精神孤独者。

用独处宣告自己的独特

网上流传着一张"国际孤独等级表"[1]。不知道从什么时候起,孤独竟然也分等级了(见表3—1)。

---

[1]《孤独可分为十级,看你能承受几级?》,腾讯网,2020年12月6日。

表3—1　国际孤独等级表

级别	内容
一级	一个人逛超市
二级	一个人去餐厅吃饭
三级	一个人去咖啡厅
四级	一个人看电影
五级	一个人吃火锅
六级	一个人去KTV
七级	一个人去看海
八级	一个人去游乐场
九级	一个人搬家
十级	一个人去做手术

看完表3-1我们可以暂时停下来想一想，自己处于第几级呢？

"空巢青年"因为物质和精神生活的需求，有了许多自己独特的需求。不管是被迫成为"空巢"，还是主动选择单身，这个群体最大的特征是一个人生活。他们有自己的兴趣和思想，坚持着自己的想法与执拗。或许"空巢青年"只是看似孤独，实则孤而不独。

从"空巢青年"到"佛系青年"，年轻人已经逐渐接纳了孤独，习惯了孤独，他们习惯自己居住、习惯自己吃饭、习惯自己去做一切事情。即便是在不孤独的场合，他们也习惯了一个人独处。最典型的是在拥挤的公交、地铁上，相互陌生的大妈们可以很快地熟悉起来，年轻人却基本上都是戴上耳机低头玩手机，他们仿佛是用耳机与这个世界做了隔离。

独居生活是一个中性概念，不等同于封闭、保守、病态的生活。独居的"空巢青年"既能保持自主的生活空间，又能拥有更多的时间、机会和方式去选择更高质量的社会交往。具有试错空间和纠错机会的社交，有助于帮助年轻人形成自尊自信、理性平和、积极向上的社会心态。同时，这也是新社会性格形成的重要因素。

农耕时代的社会性格是服从权威，工业时代的社会性格是崇拜英雄，而生活保障更富足时代的社会性格体现在自我意愿的表达和个体掌控生活的能力上。至于自己的观点是否深刻并不十分重要，虽然年轻人在思想和情感上的洞察不够深刻，但这也使其降低了精神负担，尤其是对权威和英雄的依赖。因此，孤独状态下的年轻人不见得思想有多深刻，但他们通过对群体的质疑以此表现自己的独特。

只有在现代社会，人们才会觉得自己是一个个体、是独一无二的，并且要通过对独一无二的追求，才能够得到自己的尊严与自由。

质疑可以，但要质疑得有根据，不能为了质疑而质疑，为了彰显独特而追求不正确的另类。引导"空巢青年"养成正确的价值观，需要社会的支持和提供相应服务。这种支持既有情感支持，也有物质支持或者条件支持，以增强"空巢青年"对实体空间的认同心理。

泰戈尔说过，孤独是一个人的狂欢，狂欢是一群人的孤独。如果能做到跟自我和解，孤独未尝不是一个人的狂欢。孤独，并不是心灵上的无依无靠，仅仅是一个人安静地独处。一群人有一群人的快乐，一个人有一个人的玩法。

其实想一想，人生本来就是一场孤独的旅行，一个人来，终将一个人走。在中途遇到可以顺路同行的人，能开心地共度一程。我们能做的，就是好好珍惜这段缘分。正因为孤独是生命的常态，所以陪伴才显得格外珍贵。

导入篇
在非群体中寻找群体商机

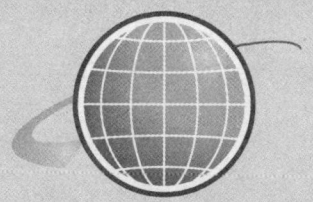

第四章
孤独经济的商业机会

未来,"孤独经济"领域的创业公司很可能会和流量巨头正面交锋。虽然巨头们占据着流量优势,但"孤独"是情感生意,是体验生意。与卖货不同,单纯的导流是没有价值的,甚至是有问题的。"孤独经济"的商业机会在于深入了解客户,深度打磨产品,以增加客户黏性。

买陪伴——空巢但不空心

A女士来北京9年了，大学学的是服装设计专业，但从业时因为机缘巧合做过编辑和广告文案这两份大众耳熟能详、喜闻乐见的工作。最近两年她从事一份别出心裁的工作——陪购师，主要是陪客户逛街、聊天、买服饰、挑穿搭。

"很多人误会和不理解陪购师的工作，认为陪别人逛街就能赚到不菲的收入也太容易了。其实，真正从事后才会知道其中的不易，不同客户有不同的风格，需求也不一样，对形象设计能力、洞察用户心理、审美能力、沟通能力等各个方面都是不小的挑战，需要不断学习新东西。"A女士说。

B先生来上海7年了，工作方面始终未见起色，在犹豫要不要回老家时，一次偶然的陪朋友看夜间急诊的事件激发了他的灵感，自此他就走上了陪诊师之路。

"那次朋友夜间打电话，说很不舒服，希望我能陪他去医院。口气中听得出来，他很不好意思，但身体不舒适让他没有别的选择。做陪诊师一段时间后，我也能切身体会到独居者生病时的无奈，他们非常需要有人陪伴，但又不愿意打扰认识的人。如果能花点儿钱雇一个人陪伴自己，就是最好的选择。"B先生说。

C女士是一位督学。听起来像是某种机关职位，实则是一种新兴的社会职业。有点儿像陪读，但比陪读要高端许多。

"从拿到研究生录取通知书，到开始监督大学母校一位师妹考研，再到现在雇用三位监督员、个人月收入过万元，我花了4年时间。"C女士说。

上述所讲述的A女士、B先生和C女士，从事的职业各不相同，但职业的类型相同，都属于"陪伴经济"，即消费者以经济付出的形式雇用他人陪同自己一起完成某项工作或任务。

"孤独经济"产生的根源是对陪伴的需求，以满足生活必需或者仅仅是为了填充闲暇时光，缓解孤独情绪。

大量"空巢青年"在大城市艰难打拼，强烈的孤独感需要情感寄托，日常生活的各项需求也需要得到满足，"孤独经济"便悄然流行。网上有人调侃"空巢青年"：各方面都已经盯上了单身人士，除了爱情。虽说是调侃，却极精辟地揭示了"空巢青年"带来的巨大商机。

线上游戏陪玩，是陪伴经济的一个缩影，[1]是近年来伴随电竞行业崛起而迅速兴起的新产业，已经形成了泛娱乐领域的线上陪伴延伸化。用户单次付费购买陪伴服务，平台通过提供游戏陪玩、语音陪聊、在线陪看电影等服务，来满足用户需求。

这种商业模式的本质是提供陪伴者的"时间消费"，在发生交易的当下，直接解决了用户暂时性的孤独痛点。

行业市场横向拓宽了，陪伴从线上延伸至线下。陪伴经济市场分为线

---

[1]《有人花钱找陪玩，有人收钱把爹当》，搜狐网，2021年9月6日。

上陪伴和线下陪伴。线上陪伴主要包括陪聊、陪玩、陪考、监督服务等；线下陪伴主要包括陪看电影、陪吃饭、陪驾、陪诊、陪购物等。

目前只有游戏陪玩是公司化的陪伴生意，其他陪伴服务还处于个体经营阶段，各类"陪手"通过淘宝、闲鱼、豆瓣等第三方平台自主经营。陪伴经济覆盖的服务人群极为广泛，凡是可以结伴做的事情，几乎都可以找到对应的陪伴服务，并且随着潮流的转变不断诞生新一波"流行款"。

与人陪人形成的"陪伴经济"不同的是宠物陪伴，因为宠物具有比人与人相处更私密、更忠诚的特质，所以获得了越来越多年轻人的青睐。

在高压力和快节奏的社会，年轻人开始寻找"另类"精神寄托。根据《2020年宠物行业白皮书》[①]对养宠物原因的调查，34.9%的养宠人群表示是因为"精神寄托，丰富情感生活"，陪伴成为养宠物最主要的原因。

养宠物有各种各样的理由，对于"空巢青年"来说，缓解压力、提供陪伴、慰藉孤独是最主要的原因。因此，很多"空巢青年"愿意花大价钱"吸狗""撸猫"，"铲屎官"队伍的逐渐壮大也让"宠物经济"的规模达到3000亿元。

除了对宠物本身投入之外，宠物粮食、宠物玩具、衣服装备、医疗用品都是必不可少的支出。"空巢青年"对萌宠的喜爱加速了宠物文化的传播，晒照、短视频、表情包等，使得宠物成了日常社交的一部分，又反向带动了"宠物经济"的发展。

虽然宠物周边的各项经济支出和时间成本居高不下，但相比宠物给主人带来的满足感、幸福感和被需要感，再多的支出也是宠物主人心甘情

---

① 《"它"经济深藏发展潜力　宠物消费向精细化发展》，中国新闻网，2021年8月12日。

愿的。

很多陪伴业务的从业者，从早到晚都在帮助别人排解孤独感，而无暇顾及自己的情绪，也可能会陷入孤独陷阱，此刻以萌宠对抗孤独是很好的选择。

在庞大的"宠物经济"产业链中，资本已经充分"染指"了上中下游，包括从上游的宠物繁殖、贩卖，到中游的宠物产品，再到下游的宠物服务市场，可谓无孔不入。

以宠物服务市场为例，聚集了众多知名机构，高瓴资本不惜花重金在宠物医院上布局，腾讯、雪湖资本、KKR（集团）也纷纷入局抢夺先机。一级市场的火爆也蔓延至二级市场，宠物企业纷纷争先上市。资本的蜂拥而入正在快速催熟这个以孤独为支点的"它经济"[1]。

花钱买陪伴是孤独经济的必然产物，人们也乐于为自己花钱买来积极、健康的情绪，让被孤独情绪"喂养"的孤独状态逐渐消散。广大企业和商家在布局和抢入孤独经济市场的同时，应倡导合理、适度、健康、绿色的消费方式，不过分渲染和强调孤独，为消费者提供更为温暖的消费体验，使"空巢人士"们"空巢"但不"空心"。

买方便——本质是花钱买时间

单身独居已然成为一部分年轻人的生活常态。豆瓣"独居生活指南"

---

[1]《"它经济"达千亿规模！102页报告解读宠物经济发展现状及趋势》，艾媒咨询，2021年4月8日。

有1.6万篇内容和超过6000万的阅读量,这个数据还在稳步增长。①

"一人独居,两眼惺忪,三餐外卖,四季网购,五谷不分",②这是网友对"空巢青年"生活的戏谑性概括。看似惨了点儿,但也透露着乐观精神。

人是向往自由的,"空巢青年"的自由却夹杂着难以言状的"理由"和诸多不易。在大城市,"空巢青年"的困境显而易见:难以企及的房价、居高不下的房租、快到麻木的生活节奏、暗藏险滩的人际关系……权威媒体的一项调查显示,64.3%的受访者表示自己身边的"空巢青年多",他们面临的两大困境是"居住条件差"和"缺乏情感寄托"。③

当物质世界和精神生活都面临困境时,消费就成了"空巢青年"排解压力的唯一出口。

由"孤独经济"衍生出的"懒人经济"和"悦己经济"就是为"空巢青年"提供最便利、最优质的购物体验,让他们有更多的理由按照自己的心意选择想要的生活方式。

1985—1995年这一年龄段的青年是职场主力军,但他们也因此承受着高强度的工作压力,导致职场青年可支配的时间有限,不得不花钱买方便的服务,而花钱买方便的本质是花钱买时间。

花钱买方便主要体现在到家更快、到店更近、时间更准、服务更好等方面。这也就不难理解为什么近几年围绕社区的零售体系成为"兵

---

① 《我独自生活:偶尔不安,总是警惕》,《清华大学清新时报》2022年3月3日。

② 《一人独居,两眼惺忪,三餐外卖,四季淘宝……空巢青年,孤独谁人懂》,《半月谈》2021年5月18日。

③ 《走进"空巢青年"的孤独世界:缺乏感情寄托 居住条件差》,《中国青年报》2017年3月2日。

家必争"之地了。以"苏宁秒达"为例，主要为3公里社区生活提供30分钟以内的急速配送服务以及预约时间精准送达的定时达服务。最后3公里也是最零散、最不易形成规模化的3公里，同时也是消费者最急需获得服务的3公里。人前的风光与人后的心酸是一体的，"苏宁秒达"自营总规模突破5万人的配送团队，与基于苏宁全国门店的零售业态如红孩子、苏宁小店的通力配合，才让最后3公里看起来更有人情味儿。①

在单身群体便捷性消费趋势之下，新零售也迎来大发展的契机。如今的零售业正在从粗放式发展向精细化运营转变，虽然当前电商普及度很高，但是线下购物依然有存在的必要性。线下购物能提供即时性消费和体验性消费，而线上与线下融合，则能为孤独青年们提供更多的便利性。最显著的是提供24小时服务的便利店，满足"空巢青年"的日常需求。

其实，在帮助"空巢青年"实现"一个人更好地生活"这件事情上，众多平台和商家可谓不遗余力。最为典型的是外卖服务和各类上门服务，如上门美甲、上门清洁、上门擦车、上门修理、上门做饭……

"空巢青年"不仅希望宅在家里就能获得便利，外出也希望随时享受便利。比如，快捷酒店的零售机——"一米零售"，通过简单扫码，随时完成购物，节省了时间。

花钱买方便的另一层含义是减少麻烦。人会制造麻烦，但技术在大多数情况下会解决麻烦。技术的进步不仅满足了个人生活的基本需求，还向

---

① 《苏宁物流推出"苏宁秒达"强势入局即时配送，玩法有什么不同？》，界面新闻，2018年7月29日。

外扩展了需求范围,而不断提高的需求也影响着技术的变革迭代。功能多样化、智能化的"懒人型"产品被不断开发并投入使用,满足了独居人士的生活需要。

扫地机器人、自动洗碗机、懒人炒菜机等各类神奇发明不断涌现,成为一个人生活的第二双手,极大地提高了生活效率和生活品质。

或许家越来越小,追求的生活品质却越来越高。投资人王煜全认为:单身化的特点就是有钱有闲,可以活得更像个孩子。巨大的商机就源自于此。[1]

不过,"空巢青年"一边在享受物质和精神自由的同时,其实也失去了与原始共同体相连所带来的归属感与安全感。

孤独怎么说都不是一种令人沉醉的状态,但孤独有时是必须要经历的。既来之,则安之,现在的年轻人正在用大无畏的心态迎接生活中的各种挑战。孤独不算什么,暂时的也好,长期的也罢,都不过是生活给予的体验。社会层面不仅要尊重年轻人的自我选择,还要担负起为年轻人创造良好环境以及尽可能提供各种便利的责任,让他们感受到独居生活其实并不孤独。

买快乐——无所不在的"悦己消费"

"每个月发工资的前几天,就会想好如何犒劳自己,工资到手,立即

---

[1]《孤独经济:你都不知道一个人生活有多爽》,澎湃新闻,2019年7月23日。

行动。比如，去网红餐厅'拔个草'，做做皮肤护理，买个盲盒来点惊喜，参加一次小活动等。"

这是典型的"90后"的生活观，悦人先悦己，这与几十年前老一辈人发了工资先去存上的观念已是天差地别了。

随着国民收入和生活水平不断提高，越来越多的人开始转变消费观念，从注重商品的功能性向追求高品质生活转变。这尤其体现在"悦己消费"上，年轻人更舍得为自己花钱。

"悦己消费"[①]是不为纪念或仪式、只为自己开心而消费的方式。"悦己消费"的兴起代表了人们对美好生活的向往，悦己观念也是个人情感的释放，满足心理层面的自我实现需求，从个体经济行为层面反映时代的变迁。

我国的"悦己消费"可大致分为即时型"悦己消费"和发展型"悦己消费"。即时型"悦己消费"的主要目的是取悦自我，实现短期快乐，如看电影、旅行、购买快速消费品等；发展型"悦己消费"的目的则是学习新知识与新技能、充实精神世界、投资个人健康等。

年轻人普遍具有较强的"为自己而活"的意识，一个人也要快乐，或者"既然都是一个人了，干吗不对自己好一点儿"。让自己高兴是消费的重要目的之一，越来越多的"空巢青年"在消费中寻找意义和价值，进而构筑丰富的精神世界。

"悦己消费"在衣、食、住、行方面均有所体现。为了满足单身群体的悦己需求，各行各业花样频出，不断推出符合单身群体需求的产品或

---

① 《消费折射时代变迁，"悦己消费"完全来临》，商业新知网，2022年12月8日。

服务。

"颜值经济"①是"悦己消费"重要的组成部分（见图4—1）。"好看的皮囊＋有趣的灵魂"是当代青年的追求，也是对"悦己消费"非常贴切的形容。

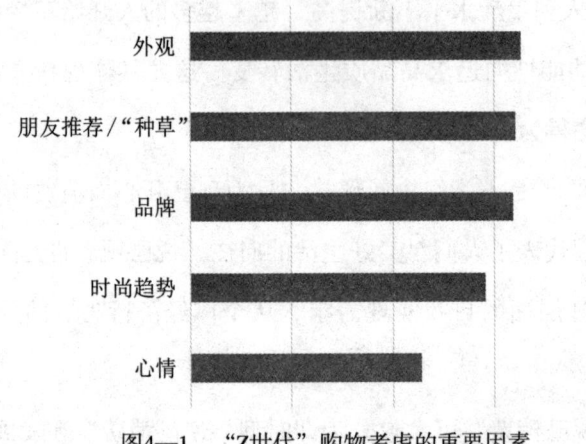

图4—1 "Z世代"购物考虑的重要因素

化妆品是首当其冲的悦己消费品。不仅女性热衷美妆，男性也同样有需求，凯度《亚洲美容趋势》②报告显示：男性专用美妆产品已占亚洲美妆产品市场总销售额的10%，且呈现强劲的增长趋势。

对于"好看"的追求已经不限于自身，还有产品的精美、环境的精致，甚至是概念的新奇等。比如，星巴克集装箱概念店将艺术与咖啡完美融合，杭州天幕里的艺术、书店、买手店的混合内容社区、K11在各个城市打造的艺术化购物中心等都是将消费特征具象化，将好看渗透到每一个

---

①《"Z世代"下的颜值经济》，腾讯网，2021年1月15日。

②《谁在拉动亚洲美妆消费增长？凯度最新报告揭秘三大驱动力》，化妆品财经在线，2019年12月3日。

消费环节。颜值催生的意义感，成为吸引消费者进入一家门店、沉浸于一个MALL、购买一件产品的精神动力。

"悦己消费"不但在购买商品时有据可循，在体验消费中同样有直观的体现。

天猫发布的《95后玩家剁手力榜单》[①]显示，潮玩手办高居榜单第一位，而这一行业硬核玩家数量增长最快的是盲盒领域。随着产品快速迭代，消费者不断复购，盲盒的受众面越来越广、热度越来越高。对于很多年轻人来说，虽然盲盒还算不上"精神食粮"，但每一次带给自己的惊喜是足够的，在相对平静的生活中多一点儿惊喜，也算别有一番滋味。根据Mob研究院发布的数据估算，盲盒行业会在未来5年迎来高速增长期，预计在2024年市场规模将达到300亿元。

与盲盒纯粹的精神消费不同，颜值高调、口味丰富的新式茶饮能让人第一时间感受到自己用心经营的"小确幸"的滚滚暖意。根据《2022新式茶饮品牌经营白皮书》数据显示，基于旺盛的消费能力，预计2023年，新式茶饮规模将有望突破1400亿元大关。

为生活带来便利和品质感的精致小家电，如早餐机、榨汁杯、酸奶机、煮蛋器、暖菜板等，都从晒图新网红转型为了居家小帮手。随着市场生态的有机完善和持续发展，未来我国小家电市场规模将持续创新高。

新一代年轻人更注重心灵的沟通与共鸣，因而他们在提供标准化设施的酒店与有更广泛文化主题的民宿之间作选择时，往往更青睐后者。风格各异的民宿让住宿者体验到别样的生活方式与情绪释放，契合了悦己的情感

[①]《天猫发布〈95后玩家剁手力榜单〉潮玩手办、电竞成95后最烧钱爱好》，中国日报网，2019年8月2日。

需求。

　　同样是住,从民宿延展到住房,同样体现了年轻人的"颜值即正义"的共识。过去买房只关注房屋的面积、楼层、格局、朝向等,如今买房也关注房屋外面的情况,如建筑风格、小区环境、周边设施等,房子距离市中心远一点儿不要紧,只要有地铁、商超、公园,生活方便就行。

　　所谓"千金难买我乐意","空巢青年"往往可以更大程度地根据自己的意愿和喜好进行消费,符合眼缘比什么都重要。"悦己消费"盛行带来的明显变化是消费者更注重自我,更能实时表达个人需求,即"爱自己"。

　　没有一种生活是可惜的,也没有一种生活是不值得的,至于哪一条路更接近自由和快乐,各人心中自有定义。

买寄托——灵魂与情感的博弈

　　"空巢青年"潇洒地花钱,肆意地享受,却有着无处安放的灵魂。在追逐"快乐"的表象之下,是需要充电的情感寄托。因此,花钱买"精神寄托"成为他们的重点消费,特别是能融化人心的宠物。

　　2017 年,我国独居青年群体饲养宠物的比例达到 70%。2019 年,中国城镇宠物整体消费规模超过 2000 亿元,单只宠物的消费金额达到 5561 元。这是一个相当惊人的数字,一只宠物一年的花销超过 5000 元,这还只是平均数,一定有不少的人在宠物身上的消费更加高昂。[①]

[①] 数据引自《2017 年中国宠物行业白皮书》《2019 年中国宠物行业白皮书》(消费报告)。

中国产业信息网做过一个养宠人群调查，数据显示，我国养宠人群中，"80后"占到了30.5%、"90后"占到了46.3%。[1] 对于年轻人来说，宠物不仅是只小动物，更是独居者排解寂寞、寻找温暖的港湾，所以我们常听到一些人将宠物当作"孩子""亲人"，给"孩子"或"亲人"消费高一些也是应该的。

Soul发布的《95后择偶报告》[2]中显示，很多单身青年希望通过饲养宠物缓解脱单难产生的焦虑情绪。在接受调查的人群中，超过66.3%的年轻人养宠3年以上还没有脱单，养宠2—3年脱单的占到2.95%，养宠1—2年脱单的占到7.45%，养宠1年以内脱单的占到23.3%。也就是说，虽然单身青年花了很多钱在养宠物上，但数据告诉我们，宠物养得越久，对于是否能脱单就不再焦虑了。宠物是主人安静的陪伴者和精神的寄托者，对外与人交流的情感缺口靠与宠物互动来弥补。既然对人"过敏"，就找一只专属自己的宠物互相依赖。很多陪伴经济的从业者，从早到晚都在帮助别人排解孤独，就像心理医生也会出现心理问题一样，他们也会陷入孤独状态，其中的一部分人会选择养宠物来对抗孤独。

宠物虽然能给独居者带来极大的精神慰藉，但宠物是活生生的，养了它就要对它负责。一些人的客观情况不允许他们饲养宠物。比如，工作繁忙、经常出差、经济条件不够、居住环境不方便，等等。然而，精神的慰藉是不能缺少的，有什么可以代替宠物缓解孤独情绪呢？若是有能陪人聊天娱乐的机器人就好了，然而如今的科技还无法制造出可以理

---

[1]《2022年中国宠物行业市场数据预测分析：市场规模将近2700亿》，搜狐网，2022年5月9日。

[2] 2019年"双十一"之际，社交软件Soul联合新青年工作室发布《95后择偶报告》。

解人心情的智能产品。

提到智能产品，虽然目前的智能产品还达不到理想中的效果，却也不再满足于单向接受指令，而是以"孤独解药"为定位，力求与用户达成双向互动。

第一个走进家庭的智能助手是 Siri，需要和手机嵌套使用，但可以和"主人"进行简单的场景互动了。一句"Hi，Siri"，它会立即出现，你问它一些奇奇怪怪的问题，它也回复你奇奇怪怪的答案，有时候还真挺佩服 Siri 的智商，总能成功识别主人的"恶意"问题。

相比较宠物的真实性，Siri 缺少真实感，但 Siri 有交互功能，这一点是活蹦乱跳的宠物无法做到的。

继 Siri 等手机语音助手成为标配功能之后，智能音箱又成为受欢迎的人机交互型产品。综艺节目《向往的生活》中频繁出镜的小度，个性化的聊天对话同样吸引人，还可以根据人类口令进行报时、播报天气、播放音乐、控制其他相连接的智能家电等操作。市场上的同类产品还有小米的小爱、微软的小冰、喜马拉雅的小雅等。

总而言之，花钱买寄托能让心更从容地沉淀下来，去享受生活赐予我们的每一次惊喜，在心中永远留住美好的瞬间。

买心跳——为所爱埋单

"有钱难买我乐意"是一些人的口头禅。确实，自己花钱，只要不违法，想干什么都行。尤其是当代社会，可以用钱买到的娱乐方式是非常多的,只要在法律允许的范围内,每个人都可以为心中所爱埋单。

那么,人们都喜欢什么呢?经典小品《钟点工》中的台词是"有人花钱吃喝,有人花钱点歌,有人花钱美容,有人花钱按摩,有人花钱雇我陪人儿唠嗑"。

二十多年前,在放松娱乐上就已经五花八门了。在当下,各种玩法更是令人眼花缭乱,很多人已经不满足于单纯地开心了,还要玩出心跳、玩出高度、玩出不一样。

心跳的方式包括震撼的、紧张的、刺激的,甚至是惊悚的。对于花钱买心跳这件事,其实多年前就已经开始了,只是那时候形式相对单一:一些是地势比较险峻的名山大川,另一些是人为创造出来的胆量考验游戏。

前者如攀登华山,"自古华山一条路",更确切地说,其实等于没有路。经过景点多年的修缮和养护,才有了一条勉强能算数的路,不是垂直难以攀登,就是悬于山体之外。虽然有保护措施,但还是让人心惊胆战,相信登过华山的人都能体会到"心提到嗓子眼儿"的感觉,但再难再险,也阻止不了人们攀登征服的决心。人类之所以喜欢冒险,是源于刻在骨子里的开拓精神,若缺乏这种精神,人类很难从原始社会走到现在。

后者如蹦极、跳伞、过山车、大摆锤等刺激项目。虽然不用上去就知道不易挑战,但世界各地的挑战者们仍然乐此不疲,一批老去了,一批站起来。在各类短视频平台上,也有很多人晒出自己的勇敢一刻。

我们可以将攀登华山这类名山险川看作震撼的,因为登临山巅时,一览众山小确实足够震撼;可以将蹦极、跳伞、坐过山车看作紧张的,因为还未开始,心先悬了起来。

现在买心跳的方式还有很多刺激的和惊悚的。比如，当下非常流行的剧本杀，若干个人按照剧本的安排，各自承担一个角色，或者破案找出"真凶"，或者从密室中逃脱，或者寻找到梦想中的宝藏……这些玩法原本都是电脑游戏集合了冒险、智力、剧情、探险等多种元素，后来被发展为线下真人版。

玩家在一个封闭的空间内，根据自己的特定身份，结合剧情在房间内搜集线索，再拼凑起来，还原剧本所设定的事件。以密室逃脱游戏为例，时间为1—2小时，主要有传统机械解密和真人NPC两种类型。按照剧本的精细程度，价格从几十元到几百元不等。而常规剧本杀的时间更长一些，一般为1—6小时，价格根据剧本时长和难度系数而定。

随着买心跳的人越来越多，想要暂时逃离现实生活的人也越来越多，近两年各类剧本杀店铺数量激增。某省会城市的一家国贸购物中心内就分布着十几家密室逃脱和剧本杀店。通常这类店铺都会布置成与主营类题目接近的风格，如密室逃脱通常都配有昏暗的灯光、诡异阴森的场景和音效，让顾客能够很快进入状态。总体来说，刺激性是这类店铺的核心，获客与口碑正来自于此。

说完了室内的刺激项目，再来看看室外的刺激项目。其中最刺激的应是翼装飞行。这是一项绝对考验胆量的运动，目前从事的人数很少，不要说亲身体验，就是在旁边看着都感觉心慌。只有足够刺激，才能足够心跳，一些年轻人仍然敢于挑战。翼装飞行在现阶段仍属于极限运动，想要尝试需要一些前期训练和必要的准备，没有做好充分准备，切勿轻易尝试。

最后再说说惊悚式心跳。原本不想写这段，但觉得其确实将心跳指数拉满了。想必有不少人听说过富士急鬼屋,"装神弄鬼"界绝对的NO.1,被吉尼斯认证为最恐怖的地方。很多人去过一次后,表示再也不会去第二次了。[①]

富士急鬼屋是由废弃医院改成的,一共有3层,从外面看起来十分荒凉,里边的每一个地方都会让人感到非常恐怖。在这里工作的都是一些"医生"和"护士",且服饰非常破旧,再加上灯光效果和非常多的机关,走在这里就仿佛进入一部恐怖片。

因为惊悚度超高,游人进来之前必须签订一份协议。其实,如果有人在里边真的坚持不住,会有工作人员将其从里面带出。对于这个恐怖界的NO.1,如果有足够胆量,绝对值得体验一下!

买未来——为自我提升付费

一个人生活虽不是多么好,可也没有多么差。起码一个人生活让人有更多的时间、空间和精力来管理和实现自己的理想。然而,一个人的主旋律总是离不开孤独,所以产生了"孤独经济"。既然一个人生活,更要给生活以品质,这是现在"空巢青年"的心声,这种"以时空规划的精致对抗独处"的策略,某种程度上是一种自我提升的内心渴求。

虽然现在的青年总是自嘲"阶段性踌躇满志,持续性混吃等死",但

[①]《吉尼斯纪录认证:世界上最恐怖的鬼屋,签完生死状才允许进入》,腾讯网,2020年11月4日。

真的涉及个人未来发展的事情时，大部分年轻人都会打起百倍精神。也就是说，"空巢青年"虽然潇洒地活在当下，却也努力打破对未来的迷茫，更愿意为"自我提升"付费。

提到付费，就关系到花钱。花钱是一门很高深的艺术！或许有些人说，花钱谁不会啊！如果只是将钱花出去，那谁都会，但如果将钱花得值得，就不是简单的事了。

其实，真正会花钱的人都是在花钱买未来，为自己积攒"打怪升级"的宝物，这样人生才会越走越宽阔、越走越顺畅。

1. 舍得在学习上花钱

关于学习的重要性无须多说，人活一世，学习永远是可以让人进步和进阶的。那些"学习无用论"的拥趸们可以撤了，毕竟"道不同不相为谋"。

花钱最重要的是买价值，对自己有价值的钱是最值得花的。一个人最有价值的投资方式就是在学习上花钱。只有不断地学习、不断地突破自我，才能获得成功。因此，花在学习上面的钱，永远都不会让你赔本，投资自己的能力、投资自己的智慧，就是真正的花小钱办大事。

2. 舍得在形象上花钱

这一点不只给女性看，男性也同样适用。

人给别人的第一印象是非常重要的，在别人不了解你的情况下，就是凭借最初的观感进行评判的。毕竟没有人愿意透过你邋遢的外表去了解你的内在，所以王尔德说过，只有肤浅的人才不会以貌取人。

总是有一些很有才华但太过不修边幅的人，还将自己的邋遢总结为"艺术气质"，这是对艺术和气质这两个词有多么大的误解。试问，谁愿意对着一个不修边幅的人去探索呢？所以，一定要舍得在形象上投资，但绝对不是堆砌一身名牌,而是要求品位。关于品位这方面,因为不是本身的内容,所以不做阐述,有需要者可以自行学习提升。

3. 舍得在健康上花钱

身体是革命的本钱,到什么时候都不要做舍本逐末的事。在健康上投资,虽然没有见什么可见性回报,但可以预防更多本不必要的支出。

曾经看到过一句话:摧毁一个中产家庭需要什么?答:一场大病。[①]

殷实的中产家庭在疾病面前尚且不堪一击,何况是更多底子不够厚实的家庭呢!当自身或家人的健康出现问题时,问一下自己,能拿出什么来救命呢?所以在健康方面的投资一定不要省,如保险、健身等,一定要武装好自己和家人。

最后用一句话总结本节:小钱不出,大钱不来,学会花钱,花得值、花得恰到好处,我们的人生必然会越来越好。

买保障——最大限度分化风险

孤独,仿佛是现在年轻人与生俱来的宿命。相比于现在生活里的各种辛苦,想到未来不仅难有放松,更多了各种焦虑。尤其是独生子女,在儿时享受了父母全部的爱,如今却变为全部的压力,父母的晚年必将系于唯一的子女身上。如果自己一直单下去,不仅父母会着急焦虑,自己也会心生忐忑;如果另一半也是独生子女,就意味着夫妻二人要赡养四位老人,抚养至少一个孩子。

---

① 《摧毁中产阶级,只要一场大病》,网易,2020 年 5 月 22 日。

于是，没结婚生子的，担心父母和自己的养老问题；生了孩子并响应二胎的，要面对两个人养一家八口的严峻事实。无论怎样选择，都需要更多的资金作保障，以应对未来生活的各种负担和风险。

没有人希望自己的生活出现意外，因为意外会增加生活的负担。我们都在努力提高自己的生活技能，为的是增添提高生活质量的筹码，以降低负重。虽然对于负重我们可以自己解决，但意外就不在自己的掌控范围内了！"明天和意外哪个先来"就是对世事无常的最佳解读。我们无法预知意外，但可在能力范围内抵御意外。

最有效也最合理的方法是购买保险。一位朋友开车多年，每年都买足各类车险，虽然他从未出过险，但他常说"这钱花得值"。买保险不是买具体的某样东西，花了钱就能看到实物，保险是对人的保障，所谓"平时注入一滴水，难时拥有太平洋"。保险这滴水是无论如何都不能节省的，在意外降临时你会发现，保险不是冷冰冰的商业项目，而是包含人情冷暖的人生哲理。

保险适用于所有群体，不分性别、不分年龄、不分职业、不分地域，人人都需要高质量的保险来保障自己的生活。随着社会经济的不断发展和保险意识的不断增强，越来越多的人加入购买保险的行列，尤其是走在时尚前沿的年轻群体，他们已经占据保险市场的半壁江山。对父母养老问题的担忧、对家庭成员出现意外的概率以及对未来的不确定性，都迫使年轻人利用保险增加收入和减轻养老成本、医疗成本和意外成本。"有了保险就增加了一份安全感，也许就不那么孤独了，是这样吗？"我的一位老年朋友说："的确是这样。"保险大军的另一大组成群体是"空巢老人"，年老后体弱多病是常态，但"得了病怕花钱"是老年人的通病。购买了保险，生病和治病就不再是矛盾体，保险会极大地为家庭减轻经济负担，也会减少老年人的心理压力。

关于购买保险的时间和险种，给大家出点主意。

1. 投保时间越早越好

目前市场上大部分寿险产品的投保年龄上限在 65 岁，养老险、重大疾病险的投保年龄上限是 60 岁。因此，建议投保时间越早越好，不仅保费低廉，且保障时间长。①

也有一些为老年人量身定制的保险计划，但其费率会大幅提高，毕竟老年人是疾病和意外事故的高发群体，风险较高。虽然存在各种"制约"，但保险机构还是会尽量平衡风险和收益的关系，降低老年人保险的"门槛"，为老年人提供了保险"末班车"。

2. "意外伤害"不容忽视

无论年轻还是年老，意外伤害险都是不可忽视的，毕竟意外不会因为谁年轻就躲着谁。意外对于几十亿人是极其微小的概率，但对于遭受意外的个体就是百分之百的伤害。

我们还是强调，老年人相对来说更需要购买意外伤害险。毕竟老年人的身体机能下降了，遭受意外的概率要高于年轻群体，购买一份意外伤害险，等于给父母的生活添加了保障。即便遭遇伤筋动骨的意外，保险也能从根本上降低休养过程中可能出现的治疗和护理成本。

3. 养老类产品为养老"添彩"

曾经，人们认为每月缴纳社会养老保险费，将来老了就不愁了。事实

---

①《行业深度！十张图了解 2021 年中国健康险产品市场现状与发展趋势 未来有望实现全覆盖》，前瞻经济学人，2021 年 8 月 31 日。

是，完全依靠基本养老金，退休时只能享受吃饱穿暖的基本需求，没有更多的可支配收入。

如今，作为社保养老的补充，购买一些既能保本又能增值的养老保险产品，可以极大地提高退休后生活的可支配收入，从而进一步提高生活品质。

越来越多的人意识到，将社保养老和养老保险产品有机结合是可行的，选择一份稳定的、返还固定的养老保险产品，可以给自己和父母提供更全面的养老保障。

第五章
需求侧的显性痛点与隐性痒点

无论是暂时的还是长久的、线上的还是线下的,"孤独经济"都必须真正了解用户的痛点和痒点。用户的痛点和痒点可能并不好把握,充斥在日常生活中的方方面面,我们无法从具体的事件上给出具体线索,但可以从人性的角度出发,将需求侧的各类需要进行总结归纳。

被关注的快感

人天生有着被他人关注和认可的心理。

每个人生命的任何阶段都十分在意他人对于自己的评价,即便是刚出生的婴儿也是如此。朋友给我讲过他儿子还没满月的时候,只要夸奖他、对他笑,小家伙就会很开心;如果看着他的眼睛说他不好看,小家伙就会噘起小嘴要哭。这么小的孩子居然听得懂夸奖,真的太神奇了。确实很神奇,这就是生命对于自身的认知——世界都是围着自己转的、我就是好的、我的感觉都是对的、所有人都要服务于我。这或许说明人之初的"本我"是一个十足的"以自我为中心"的"我"。

婴儿期的我们什么也不懂,没有太多的认知来认识自己,只是跟随着"本我"的欲望走。随着我们来到这个世界的时间逐渐拉长,我们有了感知社会的能力,对自己有了多方面的认知,我们开始经历从"本我"向"自我"的转变。

马克思强调,人的本质是一切社会关系的总和。[1] 当我们意识到自己成为社会中人,就开始与纯粹的"本我"脱离关系,发展出更具适应力的"自我"去适应社会,同时也被社会约束。

主动适应社会是一种积极的人生态度,但"自我"会比"本我"能牺

---

[1]《人的本质是社会关系的总和》,《文摘报》2015年7月9日。

牲掉个人欲望，转而去适应社会的现实。于是我们的"自我"失衡了，我们太过在意别人对自己的评价，而忽略了自己的真实感受。怎样才能安慰"自我"呢？这就需要在发挥"自我"的同时被关注，让"自我"得到存在感上的认可。

因此，每个人都喜欢被人关注，这是正常的心理反应，也是人类的性格本能。哪怕一个人从来不做任何在人前凸显自己的行为，但其内心依然希望获得别人的关注。朋友圈的流行就是这种被关注心理需求的体现，如果渴望被别人关注到，别人却不注意该怎么办呢？发个朋友圈来证明自己的存在。相比较于发微博、抖音、小红书这类对外的平台，朋友圈是对内的，有自己最亲近的人，如果自己最近有了些成绩，更多的是希望被亲近的人看到，以获得他们的认可。

如今是快节奏社会，无论是主动选择还是被动无奈成为"空巢青年"，都在背负生活压力的同时怀着对生活的美好向往。就像小孩子喜欢被夸奖一样，成年人同样需要被鼓励，受到鼓励等于获得认可，是一个人负重前行最大的精神动力。

最近几年总会出现一些受到用户大力追捧的产品或软件，其中的重要卖点就是关联了"孤独经济"，让一众独居青年获得被关注的快感。在这方面，健身类软件是绝对值得推崇的，既能让人获得进步，又能让进步的人受到关注。如因"自律给我自由"让人熟知的keep，跟着各类不同难度和强度的教程，你的身材和身体素质都将获得提升，而提升后的你会发现，管理的不仅是身材，还有人生。

有时候，你可能不想再坚持了，毕竟健身是件苦差事，尤其是在付出很多却难以看到收获的沉默期，但只要想到会有被关注成功的一刻，再多的苦和累都能咬牙坚持。如果进入 keep "精选",就等于成为健身达人,几百几千的点赞留言将不是梦想。谁不希望自己的进步被更多人看到呢!

被尊重的优越感

每个人都需要被尊重。

人获得的每一份尊重,其实就是在这个世界对自己的一次体面"认领",或者是在茫茫人海里找到存在的意义。

人与人之间会产生尊重和被尊重。彼此欣赏的两个人,尊重是相互的。这是生命的彼此吸引,也是灵魂的各自仰望。

人与物之间也会产生尊重和被尊重,只是物的一方背后还是人。在商业逻辑范围内理解这句话,人是用户,物是产品或服务。物不会表达,但物背后的人会通过具体的产品连接用户。

用户更在意产品什么?操作流程、使用效果、视觉冲击、售后服务……但有一样总是被忽视,就是是否会对用户有尊重感。一款产品或服务若能让用户体验到被尊重的感觉,用户就会对产品产生更多黏性,也会对生产产品或提供服务的商家给予更高的认可度。

举一个简单的例子,曾经若想退回网购商品,需要用户自行寄回,一些商家还规定不收某家快递,用户往往需要自己承担快递费,寄出后还要填写快递单据……总之,一切麻烦和费用都由用户承担。虽然如此,但网购的便利性和多样性还是让广大用户容忍了这些不足之处。

用户可以忍受是不是就代表无须改变呢?商家给出了否定的答案。于是，发展出了退货上门取件和运费险，用户不用再自己找快递了，还有运费险帮助承担运费，弊端则是上门取件时间不定，往往一等就是一天。后来上门取件有了定时功能，用户根据自己的实际情况约定上门时间，极大地方便了自己。同时还有急速退款的服务被推广，用户可以享受优先退款到账。

就是这些看起来不是很重要的改进，让用户感受到了被尊重。不仅可以自己决定是否购买运费险（一些商家赠送运费险），还可以自己决定退货时间，更可以享受优先退款，这些做法无一不是将用户的利益放在首位，将过去由用户承担的麻烦和风险转嫁给商家和平台。解决了后顾之忧，网购的发展更加迅速了。

被尊重是一种非常好的感觉，每个人都渴望获得这种感觉。企业在进行产品设计和提供服务时，若能将尊重用户考虑进去，必然能获得用户的认可。尊重用户首当其冲的一点是尊重用户的时间——无论是学会使用的时间，还是排队等候的时间、快递发货/到货的时间、客服响应的时间等，都会成为用户评价产品和服务的参考因素。

浪费用户的时间就等于不尊重用户本人，这是不争的事实，因为尊重一个人，怎么可能随意浪费人家的时间呢！虽然现在流行各种"宅"，"宅经济"也成了一块"大蛋糕"，但"宅人"的时间可以被自己浪费，却不希望被别人浪费，难道"宅"在家里不是为了有更多属于自己的时间做自己喜欢的事吗？

当企业或商家在说着"产品要对得起用户的每一分钱"时，也要考虑"对得起用户的每一分钟"。

尊重是要不来的，也不是可以敷衍的。受到尊重会让人的心底升腾起优越感,若是希望这份优越感长存,就需要与可以体现自己优越感的产品长期绑定。

被读懂的亲近感

这世间,但凡不走心的,必然要走过场。

越来越多的品牌,把孤独做成一门生意,打造单身标签的商品和服务正在不断蔓延。当孤独成为人们的日常时,谁能优先将孤独变得更具情感,谁就将具有共鸣力。一些瞄准"一人食"市场的企业,告诉消费者"我懂你的孤独",在突出"懂"传递出的品牌温度的同时,完成了与消费者的双向沟通。

谁最需要读懂用户?

无疑是生产产品的人。生产者之所以能够做出一款让用户满意的产品,是因为读懂了用户。如果连用户都没有读懂,做出的产品也很难让用户满意。

如何读懂用户呢?

读懂用户在于重视用户的情绪。人之所以会做出改变,付出行动,都和人的情绪密切相关。当用户的需求被满足,就会感到愉悦。让用户的需求得到满足,是生产一个产品的重点。回想一下,你有没有使用过一些产品让自己的需求得到满足呢?

比如,我急用一样东西,选择在京东下单,因为有预期,自营产品今天就会发货,明天就会送达;第二天果然产品送到了,符合预期,自身需求得到了满足,就产生了愉悦的感觉。

为什么要读懂用户呢？

读懂用户是为了增加用户黏性。用户在使用产品时心情愉悦，就可能复购。因此，做产品需要了解驱动用户行动的心理是什么。是否读懂用户在于是否重视他们的心理，先从用户的心理挖掘用户的需求，再来迭代自己的产品。

通过对上述三个问题的解答，我们已经初步了解了读懂用户对于生产产品和提供服务的重要性。用户被读懂，就会产生对产品的亲近感和对品牌的认可度。但读懂用户不是说出这几个字那么简单，需要一套完整的流程加以实施。在此，我们推荐一个对于了解用户需求并能优先考虑用户需求非常有用的工具——移情图。

移情图是一种可视化协作工具，用于视觉化地阐明对特定类型用户的了解程度，具体功能如下：

（1）创建并共享对用户需求的理解和洞见。

（2）帮助产品设计和生产团队作出正确决策。

移情图是以用户而非时间轴或事件作为中心点，分为说、想、做和感觉四个象限，用户位于中间（见图5—1）。

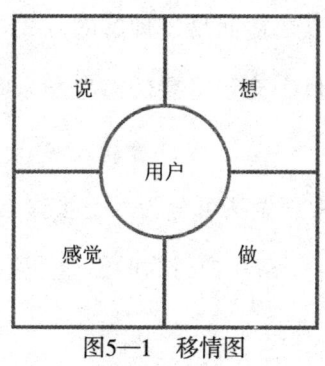

图5—1 移情图

"说"象限包含用户在访谈或其他可用性调研中说出的内容。

"想"象限捕捉用户在整个体验过程中的想法。

"做"象限包含用户所采取的实际行动。

"感觉"象限是用户的情绪状态，如：用户担心什么？用户的体验感如何？

用户从来都是复杂的，有时候甚至会呈现矛盾状态。如虽然有时用户的行为看起来是积极的，言论和情绪却是负面的。象限中的一些"答案"总会模棱两可或重叠。例如，很难区分"想"和"感觉"。不要过于注重"答案"是否精确，因为这四个象限的存在只是为了确保我们不会遗漏任何重要的信息。

移情图可以勾勒一个特定用户的属性，也可以反映多个用户的属性。

单用户（个人）移情图通常基于用户访谈或用户问卷调查。

多用户移情图则表示一个用户群体，通常由多个表现出类似行为的单用户移情图整合而成。多用户移情图不仅能勾勒出单个用户的属性，还能够勾勒出用户之间的共性，可以作为创建用户画像的第一步。

如果没有移情图的存在，用户的一些隐性情感和想法很可能会被隐藏起来。因此，在以用户为中心的设计中，移情图最好在设计的初期就开始使用。移情图以快捷而易于理解的方式勾勒出用户的态度和行为，创建后应在整个项目中充当重要的参考和来源，帮助团队成员建立共识。

对于创建移情图，常规做法可分为六个步骤（见图5—2）。移情图是为了帮助我们读懂用户，了解用户行为的驱动因素，进而发现用户自己可能都没有意识到的潜在需求。

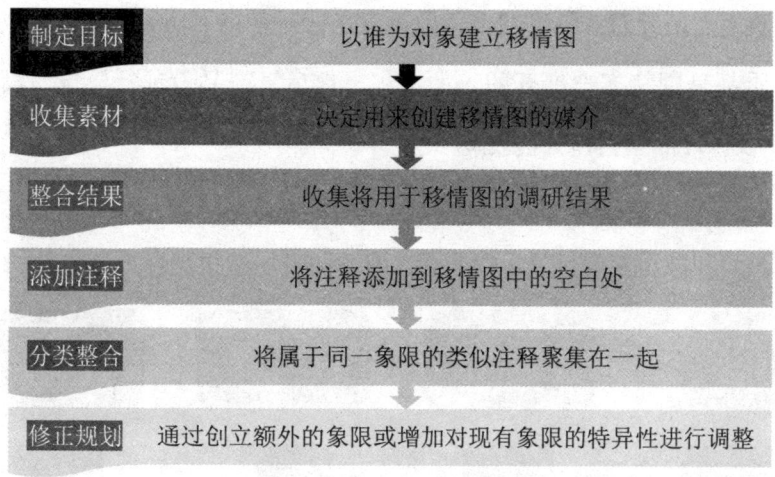

图5—2 制作移情图的步骤

被需要的力量感

先提出以下两个问题：

我们真正了解用户的需求吗？

我们给予用户的是他们想要的吗？

常常听到一些单身的朋友抱怨：长这么大还没谈过恋爱！三十多岁了还没结婚！现在的人怎么要求这么多啊！

常常听到一些做运营的人抱怨：用户真是难伺候啊，总是这也不好，那也不对，他们到底要什么？

看起来"单身狗"和"运营人"是两个类型，一个抱怨对方什么都要，一个抱怨不知道对方要什么。总结之后会发现，他们其实是一类人，他们都是不清楚对方或用户需要的是什么。

谈恋爱是针对对象下功夫，做运营是针对客户下功夫。现代企业的工作本质都是围绕客户展开的，如销售、售后、产品设计、导流、媒介等（我们仅以产品运营作为代表）。

想要吸引一个人，必须要知道对方要的是什么，然后投其所好。有人将谈恋爱和做运营进行了步骤关联，发现两者居然很契合（见图5—3）。

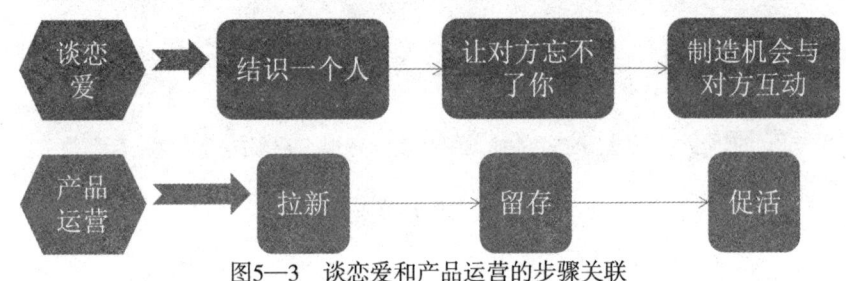

图5—3 谈恋爱和产品运营的步骤关联

电影《尼罗河上的惨案》结尾时，大侦探波洛说了一句意味深长的话："女人最大的心愿是，叫人爱她。"① 当然，男人也是如此。

如果将这句话延伸到与用户相关领域则是：用户最大的心愿是有人能需要自己。用户总是被服务的一方，但一直被关照真的会感觉很好吗？

埃里希·弗洛姆说过，不成熟的爱是因为我需要你，所以我爱你；成熟的爱是因为我爱你，所以我需要你。②

恋爱是需要双方都付出，进而进行情感互动的。如果将恋爱过程变成单方面的付出，整个感觉就全变了。付出的一方会觉得对方就是自己的整个世界。而且，一直付出会给对方造成压力，并让对方的自我价值感降低。因此，一味地付出只是感动自己，只考虑自己的感受，却从未考虑过对方的感受。付出对应着索取，自己不能白白付出，就会要求对方给予回

---

① 《〈尼罗河上的惨案〉结局：女人最大的心愿是，叫人爱她！》，网易，2019年3月22日。

② 《成熟的爱是因为我爱你，所以我需要你》，搜狐网，2017年10月19日。

报。对方多冤啊，什么都没做，就成了被付出方和被索取方。

做产品运营也是如此。很多情况下用户并未提出要求，都是企业在揣摩用户的心思，觉得用户需要这、需要那，然后做出了产品，就理所当然地等待用户的认可。如果用户不认可，企业就会觉得委屈："都做成这样了，用户居然还不满意。"其实，并不是用户多难伺候，而是企业根本没 Get 到用户的点。

与用户对话，不仅要让用户被关照，还要让用户被需要。如果企业只会盯着用户量、用户增长曲线、用户有没有付款这些冷冰冰的数字，那么还敢说自己是真正在关心用户吗？用户对于企业的需求就要无条件付款吗？是否应该想一想，除了付款，用户在哪些方面可以帮助企业呢？关于这样的问题，有些企业肯定没有想过，但像小米和网易这样的企业肯定都想过，都在产品和服务上给予了用户满满的被需要感。

网易云音乐是一个将歌单作为核心架构的音乐产品，用户的被需要感做得非常好。前期的很多歌词经常会被用户挑错，对于一款 App 来说，这是非常尴尬的。但网易的态度是，既然用户指出来了，我们就改，错一个就改一个，改一个就少一个错，几乎全人工进行歌词版本迭代。

作为网易云音乐的用户，如果你挑出的歌词错误在下一次听时发现被修改了，你一定会非常开心。这么大的企业、这么多人用的 App，居然需要我来指出它的错误，个人价值感瞬间提升，被"圈粉"是铁定了。

当然，挑错改错只是网易云音乐需要用户的次要方面，真正的核心来自差异化存在的歌单。UGC 的内容彻底改变了曲库型产品依靠搜索和编辑推荐的模式，实现了个性化。截至 2021 年底，网易云音乐用户创作的歌单总数达到了 21 亿份，歌单每天以 130 万份的数量增加（见图5—4）。①这个数量有多庞大呢？假设你每天听 10 份歌单，可以从二叠纪时代听到现在。

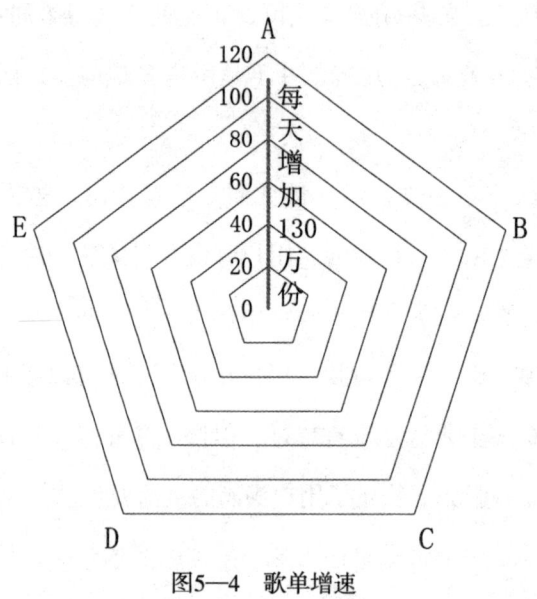

图5—4　歌单增速

歌单是用户对于产品被需要感的重要体现。产品需要用户产出歌单，用户也希望自己喜欢的音乐被其他人认可，这就产生了一种良性的互动。

歌单千千万，但有一份歌单是大多数人的心头爱。2020 年 4 月，网易云音乐上线"私人雷达"②功能，基于用户历史口味和实时偏好，为每位用户每天生成一份完全个性化的歌单。可以说，这是一份千万人收藏，但从来不重复的歌单。既收藏了用户的喜好，又收纳了用户的情怀。

---

①《网易云音乐发布歌单年度报告　歌单总数已超 21 亿》，环球网，2021 年 1 月 11 日。
②《网易云音乐全新上线"私人雷达"歌曲推荐惊喜满满用户直呼"黑科技"》，东方网，2020 年 4 月 9 日。

2021年，网易云音乐的日常活跃用户听歌时长增长至78.2分钟，近一半的用户在听歌的同时浏览评论区。① 网易云的评论区每天不知道会看哭多少人，很多人都在此获得共鸣或心灵的温暖。

必须要肯定网易云的音乐品质是十分突出的，但其并没有只是付出，而是给予了用户被需要感，让用户觉得正是有了自己的参与，网易云音乐才越做越好。被需要会产生强大的力量，这是任何人都难以抗拒的。

被信任的满足感

看到下面一段话：

信任是一种有生命的感觉，也是一种高尚的情感，更是一条连接人与人之间的纽带。人与人之间最困难的就是相互信任，这是一个需要长时间的交流和彼此性格与为人处世方式互相磨合的过程。无论如何，你有责任也有义务去信任另一个人，除非你能证实那个人不值得你信任；同时，你也有权得到另一个人的信任，除非你已经被证实是不值得对方信任的人。

做企业、做品牌、做产品，总是想要得到消费者的信任，由此衍生出许多获得消费者信任的方法及与用户建立信任的方法。如何设计产品、如何架构服务、如何营销内容、如何发放福利……甚至详细到如何与消费者

---

① 《网易云音乐发布上市后首份财报：付费率达15.8%持续领先行业》，东方网，2022年3月25日。

对话的具体话术都有人教授。

想要获得消费者的信任是正确的思路，得不到消费者信任的企业、品牌、产品一定不会长久的。获得消费者信任的过程就像赚钱一样，赚到钱的人更容易赚到更多的钱，受到消费者信任的企业、品牌、产品更容易获得消费者长期、深度的信任。

此外，企业或品牌是否想过，除了要获得消费者的信任，还要去信任消费者呢？

信任是相互的，为什么只让别人信任你，而自己不信任别人呢？每个人都希望得到别人的信任，这与自己去信任别人是完全不同的感觉。因为自己信任别人与否的主动权在自己，而别人信任自己与否的主动权在别人，信任别人是在证明别人的价值，被信任则是证明自己的价值。因此，被信任的感觉是非常美好的，也是极其有满足感的。

商业经营中，总会看到各种各样想要获得消费者信任的宣传，各类商品也都是以获得消费者信任为基础打造的。对于消费者最为迫切的心理需求——被信任，则涉及很少，也是因为曾经的科技能力不支持。

如今，网络科技兴起，实现了线上线下全对接，不再受时间、空间等条件限制，可以做到跨地域、跨业务的无障碍关联。于是，信任消费者的产品就诞生了。比如，租车业务、共享单车、移动充电宝等。

随着互联网的发展逐渐成熟，租车业务已经完全实现了异地租车、异地还车的跨地域联动业务，而且不再需要押金做担保。以"租租车"为例，在其安装页面上，就写明"免押金租车"。租车已经从境内扩展至境外，用户无须理会境外租车需要什么特殊手续，只要在境内合法取得驾驶资格且在境外是通用的，就可以租到自己满意的车，至于其中的环节，都由租车方负责打通。境外租车同样可以实现异地借车、异地还车。租车业务已经实现了"一站式"办理,时间流程很短,且有完善的保险业务对租车者的人身安全和财产安全提供保障。

共享单车最初运行时是收取押金的,各商家收取的费用从99元到299元不等。初期市场认可了这种经营模式,但在经历了一轮强大的洗牌后,共享单车开启了免押金的旅程,现在市面上可见的美团单车、哈啰单车、青桔单车等都是免押金的。

随着手机功能的越发强大,手机需要时刻保有电量,但随时带着充电宝并不是所有人都愿意的,又占地方、又增重量。于是,一些商家推出共享充电宝,同样免押金,只需要通过相关平台扫码后,就可以取得充电宝的使用权,按小时计费。

除了上述三种免押金业态外,还有很多种免押金业态,并且随着市场需求的增加和改变,未来还会继续增多。免押金看似减免了收费,其实是对用户信任的反馈,以信任换取信任,往往能得到用户最忠诚的回馈。

被特别关照的"特权"感

故事一:

小时候,村里的小卖部是伯伯家开的。每次去买东西,伯母都会挑最好的东西给我,趁没人的时候收钱,偷偷跟我说是成本价。平时路过,还会塞几颗糖果给我。那时候的我不懂什么叫成本价,只知道伯母特别和蔼,糖特别甜。

故事二：

在山东读的大学，入学没多久，同宿舍几个人就决定去爬泰山，去之前需要省出门票费、路费和伙食费。两个月后，各自攒够了钱，终于如愿了。同去的还有隔壁宿舍的一名同学，他是泰安人，从小爬泰山就不要钱，这是本地人的福利。临行前，几个人把他摁在床上暴"捶"了一顿才解气，笑闹的同时心里难免羡慕。

消费者在消费过程中得到特别的关照，相比较其他没有获得特别关照的用户，就等于有了"特权"。不得不说，被特别关照是让人感觉非常好的，会从心底生出一种自豪感。商业背后的第一动力往往不是产品或者品牌，而是那种深刻的精神动力和情绪冲动。

一些商家将"特权"赋予某些符合条件或者随机选中的用户，还有一些商家则将"特权"授予某一类必须要给予关照的用户。

2020年10月6日中午，重庆一家火锅店迎来了国庆假期累计排队的第1万号客人，火锅店精心准备了一张饭票送给这位客人，客人可以凭这张饭票免费在店里吃3年火锅。①

作为一家地道的本土车企，比亚迪心怀浓厚的乡土情结，它将国内消费者视为自家人，以全球顶尖技术和比销往海外同款车型更低的价格，回馈一直以来支持自主品牌发展的国内消费者。2018年，在挪威公布的唐EV售价比国内贵13万元；2021年，风头正盛的海豚在西班牙的起售价比国内贵了近3万元；上市不久的比亚迪元PLUS，作为e平台3.0首款A级

---

① 《重庆一火锅店实力宠粉　排队第1万号免费吃3年》，中国新闻网，2020年10月7日。

潮跑SUV，国内售价最高15.98万元，澳大利亚售价最低20.41万元。①

即便比亚迪一直以来对国内消费者偏袒与厚爱，但其凭借超高的产品力与品牌溢价，仍然在海外市场取得了不错的成绩。

对消费者的特别关照，消费者对此会进行多方面的正面解读。比如，自己是值得的、自己是幸运的、自己是特别的、自己是不平凡的……最终都会化作消费者与企业、品牌、产品的高度黏性。

当然，给予消费者"特权感"需要有度，更多是建立在消费公平和运气的基础之上，而不是刻意制造不公平。企业、品牌或产品在进行此类运作时，必须要区分清楚公平性的"特权"和不公平的"特权"。

此外，对于消费者的特别关照有时候不仅可以落在消费者身上，还可以延伸到消费者在意的其他方面。比如，对消费者的宠物给予特别关照，这样既能达到让消费者高度认可的目的，又能避免因运作不当产生的不公平感。

成都大悦城打造了"宠物友好型MALL"商业标签，在购物中心内设置宠物饮水区、休息区、玩耍区等爱宠服务设施；重庆大悦城在其打造的渝悦峡谷十二景中，特设萌宠乐园以及全场景爱宠服务设施。②

特别关照的宗旨是要给消费者以亲近感、愉悦感和自豪感，在这些正面情感的作用下，达到商业内容与人、与现在、与未来的友好共生。

---

① 资料引自腾讯网。

②《成都兴起"宠物友好商场"，允许宠物进入，还有宠物推车、宠物卫生间……》，红星新闻，2022年8月11日。

被深度理解的通透感

近年来,"空巢青年"已从东部大中型城市蔓延至西部省会城市乃至市县。从事心理咨询工作十余年的青海省心理咨询师协会副会长李永彦说,他们单位每年为青海省约 1.7 万名 18—45 岁人员提供心理咨询和干预援助,其中约 60% 的人属于"空巢青年"。[①]

"空巢青年"在融入城市方面具有滞后性、渐变性和差异性大、兼容性差等特点,并存在角色身份错位、关系网络构建边缘化以及社区归属感模糊等现实难题。这类人群不只是感到孤独,还有一个人长期生活的惶恐感。许多独居者过得小心翼翼,不敢给外卖差评、不敢与人争执、遇事能忍则忍,就是因为自己是一个人。

韩国电影《门锁》中的女主角赵京敏代表了部分"空巢青年"的生活状态。她会不定期地更换自家智能锁的密码,会在家里放着男人的衣服和用品以增加安全感。

除了生活中没有帮手,没有人照顾也是一个逃不开的现实难题。尤其是在发生一些意外的、紧急的情况时,一个人生活的弊端就会暴露无遗。

独居的生活方式存在缺乏家庭系统和社会系统的支持、缺乏情感寄托等问题。不少都市单身青年因为孤独感太强、工作压力太大,出现一些心

[①]《独居成日常 空巢青年孤独谁人懂》,《半月谈》2021 年 5 月 18 日。

理问题。新"空巢青年"心理问题的现状分析如下。

人际关系差。在互联网和人工智能化逐渐渗透日常生活的今天，人与人之间直接面对面交谈的机会越来越少。与旧有社会联系断裂，又难以建立起新的社交体系，"空巢青年"的人际交往圈急剧缩小，生活范围越发缩小。

安全感缺失。由于长期没有值得信赖的伙伴，"空巢青年"的安全感几乎为零，会更加封闭自己的内心和社交圈，导致内心僵化。

抗压力弱化。人际交往的不顺、物质条件的拮据、工作状况的不利等会让"空巢青年"感到生活困难重重，逐渐削弱了其逆境中抵抗压力的能力，变得柔软、脆弱，难以承受多方面的重压。

焦虑感日重。忙碌的工作之余，只能一个人消解孤独，无论心情好坏，都很难有人分享。若是遭遇工作上的不顺、情场上的失意、商场上的失利等情况，更是无人倾诉、无人安慰。长期承受各种压力，必然会加重焦虑的情况。

通过上述分析，"空巢青年"逐渐"空心化"是有其必然性的。想要从根本上解决"空巢青年"的心理问题，一个重要的前提条件是"空巢青年"只"空巢"但不"空心"。只要心态不空、信念不空，一切就皆有可能实现。下面从三个维度阐述如何让"空巢青年""实心化"。

1. 自我的反省与纠正

想要根治"空巢青年"的心理问题，关键在于"空巢青年"要清楚自己的问题所在，并有意识地通过实践去解决它们。

首先，认识到"空巢"只是一种暂时的状态，"空巢"只是人生历程中的一个过渡性阶段。人类具有群居性特点，不可能离开社会而单独存在，更不可能在虚无缥缈的网络中实现成长与发展。

其次，要积极主动地寻找排解不良情绪的途径。任何人都不能长期"宅"于家中和"束"在网上。应该主动走出去，尝试着去融入社会，通过富有情感的交流来扩展自己的交际圈，通过参加多种多样的社交活动来融入这个社会。借此增强社会归属感，同时找到融入感和幸福感。

2. 父母的照顾与关爱

家庭是社会的基本组成部分，也是人面向不确定未来的精神港湾和积极生活的动力源泉。即使"空巢青年"已不和家人居住在一起，但彼此之间的联系和互动不应当随着地理位置的分隔而减少，甚至是断绝。

父母应当积极发挥传统家庭的情感连接作用，关爱和关注独自在外地谋生的子女，努力帮助子女消除沟通障碍，在力所能及的范围内帮助子女解决实际困难。子女也应主动和父母敞开心扉，聊聊工作、生活中的一些成就和困惑。这样，"空巢青年"就会觉得自己并非无依无靠，从而促使他们找到支撑自己继续努力生活的理由和信念，有利于其形成坚实、强大的内心。

3. 社会的理解与帮助

基于人文关怀的理念，社会的关怀对解决"空巢青年"的心理问题也起着不可或缺的重要作用。由于"空巢青年"很多时候被贴上负面标签，所以更需要被外界所了解、关注与体谅。

社会支持是"空巢青年"从外界获得的一种心理需要，这种需要能够内化成一种能量，帮助缓解环境变化给人造成的不适。因此，要加大城市社会对"空巢青年"的拉力，加强社会治理，完善社会支持体系，从多方面保障和支持"空巢青年"融入城市。

被家庭牵绊的幸福感

"空巢青年"嘴上说着"自由""享受",难道就意味着真的不需要关爱和陪伴吗?

下面是几位"空巢青年"的自白。

A女士:

刚刚成为"空巢青年"时,一个女孩子自己住,我是很慌张的。出于安全起见,我在一些对外信息上"假装"有男朋友共同居住。比如,会同时点两人份外卖,收快递也用两个名字,另一个名字是"张先生"……当然,两人份的外卖分成两顿连着吃不是什么好体验。

B女士:

我原本是什么都不会修的"傻白甜",如今变成了会通马桶、会修门锁、会换开关、会调路由器,甚至是组装大件家具、通下水道的"女汉子"。不得已而为之啊!只有我一个女生住,不敢从外面叫师傅来修,如果还想生活得好,就只能硬着头皮自己上。

C先生:

最初很开心,怎一个"爽"字了得。小屋子不大,但时间和空间全由自己支配。通宵刷剧、打游戏，第二天上班时巨困、巨难受，还得了干眼症；早上不吃饭，晚上也糊弄，结果胃酸反流，不得不去医院开药。在经历了最初的"爽"之后，我意识到自己必须调整作息，强制自己每天走多少步，几点必须睡觉。

"空巢青年"是社会发展所引起的一种必然现象。大家都承受着很大的经济压力，又想追求更好的生活，独自在外打拼，就必然要承受这样一段独处的时光。虽然一个人生活有种种好处，但也有明显的困难，只有回归或组建自己的家庭，才能真正有人陪伴，避免孤独。

作为"空巢青年"的父母，肯定是最着急的那些人，子女暂时看不出事业上有什么发展，正常的婚姻生活也被耽误了。于是，经常从网络上看到父母如何替子女着急操心，各类相亲现场驻足最久的永远是大爷、大妈们。

国家级心理咨询师汪海洋建议，家长不能只忙于提供相亲对象，应该从心理上关注子女为何选择独居，他们非常需要被看见、被理解、被尊重。父母可以引导子女树立正确、健康的婚恋观，提倡在合适的年龄恋爱结婚，引导其走出长期独居的状态，增强其对家庭的认同感和幸福感，进而增强成年子女的家庭归属感和责任感。[1]

同时，社会可以通过建立更多的社交本地化平台、丰富的社会社交活动和心理咨询服务等举措，帮助和推动"空巢青年"向"筑巢青年"转变。

---

[1]《空巢青年现象种种及合理的解决办法》，百度，2021年3月28日。

其实，在"空巢"和"筑巢"的选择上，"筑巢"是明显的胜利者，因为没有多少人真正愿意孤单地生活。只是现实的一些具体困难，挡住了青年们"筑巢"的节奏。一方面是对爱情的本能渴望，另一方面是生活的高压，二者的冲突产生了极大的张力。这种张力既体现在"空巢青年"的"空巢"状态上，也体现在不愿"空巢"的内心渴望上。

比如，某位已经独居六七年的"空巢青年"喜欢在社交网络上分享自己的独居生活，"好处是自由，想宅就宅、想走就走、想吃就吃、想睡就睡"。不过，在她发出的朋友圈里，也会偶尔夹杂一条："也许有个男朋友会比较好，至少能在水管爆裂的时候，有人能给我递一下扳手。"

被社会认可的责任感

"一个人在杭州工作 4 年了，虽然工作上不断取得成绩，但生活中还是经常感到孤独。我经常想，能不能加入一个组织，不论是虚拟的还是现实的，像我一样的异乡人凑在一起，不仅有共同话题，还可以互相解决一些生活上、工作上的困难。更重要的是可以通过群体的力量帮助别人，既有助于社会，也能拓展我们这类'空巢青年'的社交圈。"

说这段话的 D 女士，就在我写这一节内容的同时，正奔赴在做公益的路上。她所希望的"一个组织"已经成立半年了，她是发起人之一，目前有成员 17 人，其团队的核心任务是结对帮扶杭州市的 10 名"空巢老人"。

"自己是'空巢青年'，太了解'空巢'的不容易了，年轻尚可应对，年纪大的人真的处处是困难。虽然目前自己的团队人数不多，能给这些'空巢老人'送去的帮助也有限，但尽一点绵薄之力就比不做好。随着团队的不断扩大，我们的帮扶对象还会增多。"

"空巢青年"对"空巢老人"，既了解对方的不易，也能给自己的生活增添色彩。受帮扶的"空巢老人"中年龄最大的是80岁的李奶奶，身体倍儿硬朗，也很健谈。每次看到志愿者到来就像看到了自己的小孙子，她嘱咐志愿者们，知识就是力量，一定要不断学习，做好祖国的接班人。李奶奶常与志愿者们聊起了那些激情燃烧的岁月，她体会过生活的艰辛、农耕的劳苦、柴米油盐的来之不易，感叹现在的生活不论是精神层面还是物质层面都比过去好太多了，讲到动情处还能隐隐看到老人眼里的泪光。李奶奶希望志愿者们能更好地建设祖国，帮助更多的人。

"看似帮助了这些老人，其实是这些老人给了我们很多帮助，一些只有经历了才能体会的人生感悟，老人们都不吝相授。这半年来，感觉自己成长了好多，看待一些事情的角度和态度都和以前不同了，是这些老人丰富的阅历'催熟'了我。"

"空巢青年"不仅通过集体的力量帮助其他需要帮助的人，同时也会自我帮助。比如，"空巢青年"公益社交平台——LeafyTree。LeafyTree有"深深扎根，向上生长"之意。

平台将活动模式概括为"2+1+N"，即让"空巢青年"参与1次"2天"的沉浸式营队，加入"1个"LeafyTree青年支持性社群，产生出"N个"社会创新项目。

平台举办此类活动的目的在于让"空巢青年"获得真实关爱和高质量社交的同时，践行社会责任，从被服务者转变为服务者，使其在过程中实现自我价值。

时常有趣,也会孤独。"空巢青年"独居的生活方式缺乏家庭系统和社会系统的支持,建设公益类平台,对内弥补家庭系统,对外连接社会系统。通过双系统打造,提高"空巢青年"的社会参与度,增加其现实感。

第六章
供给侧如何适应孤独经济

随着国家经济的发展、社会教育程度的提高,人们越发具有独立思考意识,也越发个体化、个性化,群体性孤独开始成为一种普遍的社会现象。在这样的社会大背景下,只有能够深层次理解"孤独"的企业、能够长期致力于"孤独经济"领域的企业,才是未来具有价值的企业。一句话:比用户更了解用户、注重服务,是企业真正的壁垒。

内心欢愉——独而不孤，寻求内心的深度愉悦

按照历史学者费伊·邦德·艾伯蒂在《孤独传》[①]中的定义，孤独是一种意识和认知层面的疏离感，是与有意义的他者相隔离的社会分离感。

我们可以将孤独分层，低层的孤独是情感上的匮乏，是孤独的表面词意。高层的孤独更多是因为情感上的丰富，只是独却不孤，是内心寻求深度愉悦的必经过程。因此，孤独的另一面是愉悦。爱因斯坦曾说过，他自己感觉最快乐的时候是体验"孤独的愉悦"的时候。因为孤独并不意味着寂寞，反而会更加愉快地把人带入一种知识的境界。

当代的孤独，更多是在追求"孤独的愉悦"，因为我们发现自己身处科技的洪流中，却并不是真的快乐，而是好像失去了感知快乐的能力！为什么会这样呢？因为被所谓的理性遮盖了。

当一个人的生活靠理性支撑时，就等于丢失了真实的自己。只去做"应该"的事、"正确"的事、"正常"的事，像机器被输入代码一样执行生活的程序。而这一切行为所掩盖的是自己的兴趣、爱好、理想和冲动。虽说"冲动是魔鬼"，但一个人最真实的快乐往往来自心底的冲动，只有找到内心的冲动，才可能活出生命力。

那么，我们要如何寻找内心的冲动呢？

---

① ［英］费伊·邦德·艾伯蒂：《孤独传》，张扬译，译林出版社2021年版。

庄子告诉我们要有"独与天地精神往来"的气魄。孤独让人聚敛心神，让人更加专注，从而更容易发现日常生活中不易发现的东西。这也是很多"精致孤独者"不仅接受孤独，还能创造孤独的原因，因为他们认为孤独能够洗净心灵的尘垢，能够发现来自心底最深的智慧，这样的智慧可以带给人极深度的愉悦。

许多伟大的人就是在孤独中给后世留下了永垂史册的诗篇。比如，鲁迅写出的《狂人日记》、贝多芬创作出的《生命交响曲》、爱因斯坦带给我们的"相对论"、陈景润解开的"哥德巴赫猜想"。

孤独是一种冷峻的美，时而像铅块一样凝重，时而像白鸽一样轻盈。排除外界的纷扰、体验生活的哲理和创造的欢乐，这不是伟人的专利，普通人一样可以。

读一本好书、听一节好课、欣赏一幅作品、做成一件事情都会让人感到生命的升华，会感觉人生具有成就感、意义感和存在感。因此，孤独除了有安抚作用，还可以让人学习和思考，并且从中获得精神层面的深度愉悦。

将深度愉悦变为商品，看似风马牛不相及，其实只要静下来想一想，这样的事情好像一直就在身边。进一家美术馆感受作品传达出来的情感，去一家博物馆聆听历史想告诉我们的故事，走进一家特色俱乐部欣赏他人的别样人生……

思考、读书、听课、鉴赏、冥想等方式都可以让人产生一些关于自己和这个世界的感悟。去践行这些感悟，去做公益帮助他人，对他人和事情投入自己的爱，同时感受着生命的踏实和尊严。

人生而为人，与动物不同，就是有更高的精神追求。当低层次的快乐和高层次的快乐冲突的时候，优先照顾相对高层次的快乐，会让人更快乐。

独特趣味——能满足感官要求和情感诉求

人只要活着，每时每刻每分每秒都在消费。衣食住行自不必说，哪怕是什么事都不做，发呆、打盹、睡觉也同样是在消费。你的房子、你的家具、你的家电、你的被褥等都在为你服务，它们在无形中被你"消费"着。而这些消费都是有成本的。

既然消费与人类如影随形、无处不在、无时不有，那就要将消费的层级提升上来，这也是为了提升自己的生活品质。

如果你仔细观察就会发现，无论我们在什么时间、什么地点、消费什么，消费都要通过一个介质来完成，这种介质就是人的各种感觉器官。吃大餐是为了满足味觉消费需要，买服装是为了满足视觉消费需要，旅游是为了满足视觉消费需要，买车是为了满足触觉和视觉消费需要……总而言之，消费是为了满足各种感官需求。

同时，消费又是为了满足情感诉求，吃大餐、买服饰、旅游、买车，同样也是因为人们心理的渴望。比如，特别喜欢吃意大利蜗牛、很想买一双AJ鞋、小时候就梦想去罗马、很早就想有一辆奔驰车……人类的情感通常需要通过具体的事物释放出来，这些"渴望"就是一件件具体的事情。大部分世界杯的比赛都在中国的深夜进行，但仍然阻挡不了球迷们的热情，很多人几乎一场不落，因为他们喜欢。

人类的感觉看不见、摸不着，但它就在那里，你必须要照顾它的感受。感官刺激得到满足，是人类第一档的快乐。

在"空巢"时代，人的感官好像更加灵敏了，一点点儿的不同都能立即被察觉到。就像白天我们很难听到细微的声音，但到了夜深人静时，任何声音都好像被放大了。孤独感带给我们的是对事物更加敏锐地察觉。作为供给侧的各类企业，要对人们在孤独状态下的敏感性有足够的准备，有时候就是要做到细致入微，照顾到各类不同用户的各种感官需求。

在这一点上，很多企业率先走在了正确的道路上。比如，小米，旗下众多产品，无不是瞄准用户的感官需求和情感诉求。

以米家智能多模网关 2 代为例，仅看外形就能征服很多人，纯净的白展现了产品的高端，给人一种非常想"剁手"的感觉。磨砂面的触感同样令人感官愉悦，爱不释手指的应该就是这种感觉了。[1]

如果将感官比作人，他其实蛮自私的，就希望获得很原始的快乐，包括吃好的、喝好的、玩好的、用好的、睡好的等。即便是一个人，也要把日子过好，现在的年轻人绝对不允许自己的感官受委屈，同样他们也明白克制对于自己人生的意义，所以他们只在现实允许的范围内满足自己的感官需求。

其实，这不就是非常健康的生活状态吗？有时候放纵，有时候克制。

---

[1]《时隔 3 年，小米智能多模网关 2 发布，有哪些变化？》，搜狐网，2022 年 8 月 15 日。

专效专属——个性定制，精准匹配

过年是发红包的高峰期，各路明目的红包满手机飞。使用率如此高的红包也与时俱进啦！不再是简单的红色封面，而是有不同品牌的、各路明星的、卡通动漫的，或者是私人定制的。

其实，不只是红包，支付宝这几年在临近春节时，不仅让大家"扫福"，还推出"自己写福字"，看着自己写出来的福字，或许福气会更旺；王老吉推出"姓氏罐"更是一绝，把人数排名前100的姓氏设计在商标名字里面，如马老吉、孔老吉、赵老吉等；顶级奢侈品牌迪奥也把顾客的名字刺在包包上……

这些满足消费者个性化需求的做法，并不只是大品牌或者高价格产品专有，比如某城市一家不起眼的餐饮店的店主在淘宝上买了一台几百元的自动激光刻字机，为顾客提供免费在可乐瓶上刻字的服务，通常顾客会选择刻上自己的名字与一句自己想说的话。在大品牌的产品上留下自己的名字和印迹，顾客就觉得有专属感，拍照分享的欲望急剧飙升，传播就在不知不觉间完成。

专属感的概念在多年前就已经被提出了，各类品牌也在专属营销上颇费脑筋。在"孤独经济"兴起后，"专属"的概念更加受到重视。独居者对于一个人生活的高品质要求让他们对具有专属性的产品或服务更有黏合性，"绝世而独立"是需要自我证明的。

对于"专属"的认可源自人的本性,谁都希望自己能够被区别对待,仿佛自己一下子就有了"与众不同"的感觉。

专属通常与定制配合使用,为顾客量身定制的产品或服务,更能被顾客所认可。定制最早来源于服饰业,直至现在高端定制服装仍是身份的象征。以爱马仕推出的"5个富有魔力的专属定制"为例,为皮革、衬衫、西服、针织、运动休闲五大类商品提供定制。

社会已经进入信息大爆炸的时代,定制也不再局限于少数行业,各行各业都因为媒介触点多元化而发生着变化,精准匹配已经成为产品营销的基本要求。

改变最大的往往是时代发展最具代表性的事物,如交友平台和网络游戏。在传统的交友平台商业模式下,用户通过支付会员费获得交友资格,平台对于匹配过程却没有进一步的服务,而以专效专属为基本经营理念的新型交友平台,注重服务,提升用户体验,则催生出单次付费、红娘模式、匹配机制等。

无论是陪伴社交还是交友社交,都绝非简单的撮合人头生意。陪伴类社交通过为客户精准匹配最适合的服务人员,增加客户黏性,促进客户复购,最大化客户的 LTV(Life Time Value,用户生命周期价值)。交友类社交在精准匹配交友对象的基础上,还需要进一步提高用户的使用体验,这是企业需要通过技术去实现的核心竞争力。因此,交友平台比陪伴类社交平台具有优势的一点是用户的相关时间更长,陪伴往往是短暂交集,交友则可能发展为长期友谊,同时解决了用户需要短期慰藉和长期沟通的需求痛点。

网络游戏的定制不限于武器,游戏角色的服装都玩出了专属感。如今的大多数网络游戏,越好看的服装价格越高,给玩家带来了视觉享受。玩家若想更换角色,有时会舍不得原角色的服装,定制专属的同时也带了一定的束缚感。

玩是绝对不能和束缚相关联的,于是一些游戏设计者就在定制专属与自由切换间找到了两全其美的办法。《古剑奇谭》网络版就很好地解决了这一问题。首先因为该游戏的服装售价低,让玩家不会在价格上产生心理负担;其次是外装的共享设定,即服装在同账号下所有同体型的角色可共用,完美地解决了玩家想要玩小号却没有漂亮衣服的问题。同时,该游戏在2022年的版本中推出了"天衣织造系统",玩家可以自由对游戏的服装进行剪裁,从衣服的式样、材料,到染色、刺绣、点缀等,均可自由搭配,结合"外装共享系统",估计《古剑奇谭》网络版会诞生一种全新的网络职业——网裁。

用户形形色色,各有不同,所谓众口难调,就干脆不去调,让用户自己去调或者根据用户的需要一次性做到位。任何商业环境下,企业若能做到产品或服务与用户精准对接,那么它的核心竞争力都会很强。

多样简便——易上手,易入坑

"不要认为用户有的是时间,我们就算无事可做,也绝对不愿意将时间浪费在理解产品上,我们还有很多自己想做的事。"这是一位买到"烧脑"产品的朋友的吐槽,原因是她买了一款榨汁杯,操作如同御膳房大厨一样精细,否则就会给她意外的"惊喜"。

后来我问她:"你觉得什么样的产品能算好产品呢?"

她回答:"最起码得好用,简单易上手。"

正是由于有了这番简单的对话,我决定写这节内容。先写一句话:哪怕用户无事可做,企业也绝不能有"用户的碎片时间都是可以利用"的想法,企业生产的产品要能想方设法地帮助用户节约时间。

在古代社会,生活节奏慢,人们愿意花大把的时间做一件很烦琐的事,除了可以打发时间,还能做出好的东西。很多几千年前原始氏族部落出土的玉器就可以证明这个问题。据考古专家推测,一些玉器的打磨成型可能需要几十年,因为工具太过简陋,只能手工操作,用时间换品质。

匠人精神就是从那个时代开始的,虽然现在同样提倡这种精神,但不是每个人都需要成为匠人。在高速发展的互联网时代,大多数人的生活都在跟时间赛跑。产品需要在人们快节奏的生活中迅速抢占一席之地,否则就会被忽视。人们对产品的好感可能一眼就会建立,也可能瞬间就会消失。因此,如果产品还以"犹抱琵琶半遮面"的态度示人,就不要怪用户"不长眼睛了"。用户的眼睛永远都是雪亮的,但前提是要让用户能够看得到产品,并且在最短的时间内了解产品的核心价值。

简单是吸引用户进一步探索的必要前提。用户对一款产品或者软件,只需扫一眼,就能立即知道该如何操作,这种"傻瓜式"的操作最能俘获用户的心。如果用户拿到一个产品之后,必须一步步看说明书才能搞清楚,有多少用户愿意这么做呢?如果一个产品的使用比较复杂或者与常识悖逆,又有多少用户会接受呢?这就要求企业在设计产品时必须同时注重简便性和可操作性。

曾经买过一款饮水机,热水速度、净水效果和出水速度都令人满意,但其出水方式着实令人恼火,加热按钮下面对着的是冷水出水口,热水出水口在另一侧,且冷热出水口又没有明显的标识,任何人接热水都会很自然地认为加热按钮下面对着的是热水,结果热水从旁边出来,不小心就会被烫到。这款热水器最终因为这个设计缺陷被闲置了起来。

企业设计产品不能想当然,更不要想改变人们约定俗成或早已形成的行为习惯,即便需要在设计时进行一些困难处理,也要以客户使用方便为主。

当然,这里所说的简单不是单纯的简单,而是要有简单的操作方法,利用简单让用户快速上手,在操作中体验到产品的价值。因此,"简约而不简单"是衡量产品好坏的标尺,简单而不失功能性。比如,微信的"摇一摇""扫一扫"功能就非常简单,它省略了菜单和按钮,更省略了手动输入的操作,只要用户需要,都可以一步实现。

曾有一段时间,产品功能以"全"取胜,谁的产品功能多,谁就能取胜,但在快节奏的今天,产品功能以"专"取胜。某款产品在某项功能上非常强大,这就足够吸引用户了。至于其他功能,可以去其他产品那里获得。很多软件都开始走简单路线。比如,不会摄像剪辑的用户可以作出唯美视频、不会 PS 的用户可以 P 出专业水平。尤其是一些时间管理类软件,本身就是为了帮助用户节省时间,若是功能复杂,软件自身就成了浪费时间的源头,又何谈省时呢!"时光序"作为一款综合类时间管理软件,结合了习惯打卡、日记、记账、番茄时钟、倒数日、备忘录等多种功能,每一项功能点击进入操作都非常方便。只有简单、易学,用户才喜欢操作。

帮助用户节省时间和精力,用户一定会不吝喜爱之情笑纳的。该做减法的功能就果断弃之,不该增加的功能也不要随便加入。总之,用户没有那么多耐心和时间去仔细研究产品的使用方法，因而越是简单快捷的产品越易被人接受。

健康乐活——关于美好生活的日常选择

乐活（LOHAS）是英语 Lifestyles of Health and Sustainability 的缩写，意为"以健康及自给自足的形态过生活"。

"乐活"的目的是更健康地生活，所以"健康"和"乐活"是不能分离的连接词，即"健康永续的生活方式"。再形象一点儿说，"乐活"就是在消费时考虑到自己和家人的健康以及对生态环境的责任心。作为全球范围内兴起的一种新的健康可持续生活方式，"乐活"不只是爱地球，而且是爱自己和家人的健康，是两者都爱，既要享受现代技术生活，又要以对自然环境负责的、更美好的方式生活。因此，"健康、快乐、环保、可持续"是"乐活"的核心理念。

"乐活族"又被称为"乐活主义"或"洛哈思主义"，[1]追崇"乐活"生活方式的人又被称为"乐活者"，"乐活者"所推崇的是快乐地活着。

"乐活族"认为关心生态环境就等于关心自己，在消费时以健康、环保、时尚、有机、天然、绿色为消费理念。"乐活"是一种环保理念，一种文化内涵，一种时代产物。"乐活"是可以映射出地球人生命理想的，因而跨越了地理、种族、年龄、地位的局限。

---

[1] 《乐活族是什么意思》，沪江网，2016年3月23日。

随着全球新冠病毒感染的蔓延,"乐活"被更广泛地提及,因为人类更加有必要关心生病的自己和生病的地球。随着"孤独经济"的深入化,"乐活"又与此紧密关联,"一个人也要好好生活"的理念与"健康永续的生活方式"不谋而合。无论生活的现状如何,作为地球上生命的支配者,人类有必要也有义务执行一种更贴近生活本源、自然、健康、和谐的生活方式。

"乐活"理念传入中国的时间虽不长,但已为很多人所接受,并成为一种生活趋势。作为接受和传播"乐活"的排头兵,"空巢青年"正在通过消费及生活贯彻这一理念。这就是"乐活族"一直致力的:Dogood、Feelgood、Lookgood(做好事、心情好、有活力)。

不得不承认,当"乐活"与"孤独经济"结合在一起后,其传播速度空前加快,从日常生活中的衣、食、住、行到高科技数码产品……"乐活"正逐步渗透到我们的思想观念及生活的方方面面(见表6—1)。

表6—1 "乐活族"遵循的准则

序号	内容
1	不抽烟,也尽量不吸二手烟
2	电器不使用时关闭电源以节约能源
3	尽量选择有机食品和健康蔬食(素食),避免高盐、高油、高糖
4	节约用水,将马桶和水龙头的流量关小,一水多用
5	减少制造垃圾,实行垃圾分类和回收
6	减少对手机的使用
7	用无磷洗衣粉、无氟冰箱,尽量少使用空调和超市塑料袋
8	减少一次性筷子和纸张的使用,珍惜森林资源
9	亲近自然,选择"有机"旅行
10	坚持自然温和的轻慢运动
11	经常运动、适度休息、均衡饮食,不把健康的责任丢给医生
12	向家人、朋友推荐与环境友善的产品

续表

序号	内容
13	穿天然棉麻丝材质的服装
14	对房子的通风采光要求很高，希望有一个大阳台
15	注重自我，终身学习，关怀他人，分享"乐活"
16	积极参加公益活动，如社区义工、支教等
17	支持社会慈善事业，进行旧物捐赠和捐款
18	心态积极乐观，满足感和幸福感较强
……	……

"乐活者"不一定是"空巢青年"，反之亦然。然而，当"乐活"和"空巢"碰撞到一起，再加上全球新冠病毒感染的"火星"，就能绽放最绚丽的光彩。因此，"乐活"结合"孤独经济"的市场应运而生，种类繁多，包括持续经济（再生能源）、健康生活形态（有机食品、健康食品等）、另类疗法、个人成长（如瑜伽、健身、心灵成长等）和生态生活（二手用品、环保家具、野外露营、生态旅游等）。

我们仅以野外露营为例，最近两年露营经济突然爆发式增长，尤其在新冠病毒感染严峻阶段，甚至有人在自家小区里露营。为防止病毒感染出份力，中国民众都自发地减少了旅行，但放松心态还是必需的，露营就成了更好的选择。蓝天白云之下，家人朋友欢聚一起，聊聊家常、说说里短，还有比这更惬意的吗？

万物智慧——迈向"有范"智慧生活

智慧生活是将人工智能链入生活各个场景载体（如家电、家具等）的一种方式,即智能生活平台可以自由地与主流智能家居品牌互通,任何时候、任何场合,家庭用户都可以自由地通过无线连接到智能家居,并可以远程查询智能家居的状态与其进行互动。

智慧生活是一种新内涵的生活方式,依托智能生活平台而建立,智能生活平台则依托云计算技术的存储与家庭场景功能相融合。智慧生活可以多方位、多角度地呈现家庭生活中的更舒适、更方便、更安全和更健康的具体场景,配合丰富的智能家居产品终端,构建并享受智能家居控制系统带来的新的生活方式。

以"华为智慧生活"为例,有各类智慧生活的场景,商场中摆满了智慧生活的各类产品,消费者可以对各类产品进行众测。

智慧生活可以被写成"智能生活"(Smart Life, SL),其智能范围不仅包括智能家居(Smart Home, SH),还包括智能购物(Smart Shopping, SS)、智能穿戴(Smart Wear, SW)、智能办公(Smart Office, SO)、智能社交(Smart Communication, SC)和智能移动(Smart Move, SM)等。

智慧生活具备延展性和自我成长性,借助统一的"云服务"实现各种智能家居产品与各种专业的服务部门和机构紧密合作,迅速构建出智能生活门户。从生活资讯,到健康诊疗;从远程门锁控制,到合理使用家庭用电策略建议部署;从严谨的家庭安防,到细微的家庭环境质量分析建议部署;从家居内部的智能,到家居之外的全方位智能体现;从打造家庭智能生活理念,到全面打造具备共同智能生活理念的智能社区。

由此可知,智慧生活的本质并不仅是各种使用方便的智能家居产品的大集合,而是要充分体现和谐社会的三方服务精神和服务能力(见图6—1)。

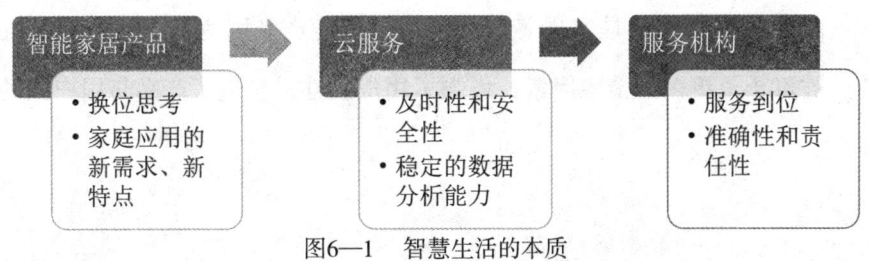

图6—1 智慧生活的本质

只有三方连通互动,才能真实、准确地体现智能生活的全部内涵。智能生活就是利用现代科学技术实现吃、穿、住、行等智能化,将电子科技融于日常的工作、生活、学习及娱乐中。

其实,智能生活已经开始进入寻常百姓家。比如,以智能陪聊为卖点的智能音箱的兴起,百度的小度、阿里的天猫精灵、喜马拉雅的小雅、小米的小爱同学、京东与科大讯飞联合推出的叮咚音箱等。①

这些搭载智能语音系统的陪聊音箱,让人们即使独自一人也能获得社交感,从形式上满足单身人群倾诉与获得反馈的需求,从技术上则契合了智能时代的发展走向。

再以人人都关注的健康为例,通过"云服务平台"的服务推送,借助更多的智能家居产品终端可以实现在家也能测量血压、血糖、心跳等基本身体医疗数据,并同步到"云服务平台",异常情况自动更新给社区医疗或其他医疗专科的专家,对家庭成员实施长期的健康数据监控和分析建议。

再如定时智能门锁,它会向主人汇报当天的访客情况,甚至会代签快递;智能灯泡会及时汇报主人当月的用电情况,并给出更合理的用电方案;智能冰箱将随时提醒主人采购项目和对应的健康指数,绝对是合格的"家庭营养师";车家互联、智慧出行、贴心常伴,架起双向"沟通"桥梁。

---

① 《销量增速下滑,天猫精灵小米小爱百度小度走向分岔路》,腾讯网,2021年12月8日。

商品的核心价值是实现美好的生活，智能产品因为有了"智慧"加持，被赋予了更多的情感因素，增强了用户黏性，拉近了产品与用户间的距离。

实践篇
非标生意 + 体验生意

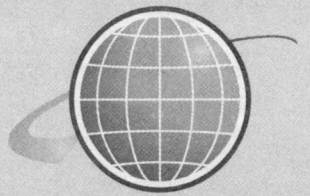

第七章
圈层的话语权和稀缺性

工业社会中的独立个体并不等于极端孤立，独居生活也并非不与外界沟通和联结。以原有的社会标准看，青年好像更孤独了，但换个角度看，分众化互联网产品为青年提供了新的交流空间。年轻人在保持自我意识、探索自我兴趣的同时，通过各种以网络为基础的科技，因共同的兴趣爱好聚集成一个个新的圈子，创造了属于自己的话语体系和网络流行文化。

进圈——通过小众，影响大众

纵观商业发展的各个阶段，会发现每个阶段所做的事情本质上都是在提升信息流动的效率。从传统广告到数字时代，渠道越来越多、流量越来越无法集中，商业领域处理信息的效率要怎样提高呢？

当人群按不同领域、不同渠道被打散后，信息的处理效率和管理效率便会降低，能够高效重整的策略就是通过圈层来渗透引导。

有相同兴趣的人会形成一个固定的圈子。圈层已经不能笼统地被定义为某一兴趣领域，它可以是内容上的聚合，也可以是同一目的的社群，还可以是以地理位置为标准划分的社区。圈层渗透于品牌传播的同时，也赋予了其中的人以重要的身份标识。

然而，在实际的圈层传播时，圈层只是被当作一个渠道利用，找几个KOL或KOC简单地往某一类方向投一投。那些自认为了解圈层的，往往没有Get不到圈层细分的特点，更无法在圈层内做内容传播和舆论引导，因而无法达到通过小众影响大众的目的。

针对单一圈层的核心渗透策略，品牌要做的就是入场，先进圈，再深耕。

进圈之前需要先搞明白究竟什么是圈层。

我们不以概念来定义圈层，因为没有办法定义。如果以圈层的特点进行详解，圈层无非四点：文化载体、表达体系、交流场域和权力体系。

（1）文化载体：抽象概念转化为特定的风格、行为、物品等。

（2）表达体系：圈层的语言系统、视觉符号系统等。

（3）交流场域：品牌的传播渠道，包括线上和线下。

（4）权力体系：圈层的意见领袖、成员级别、入圈标准等。

通过圈层渗透品牌，说白了就是要懂这个圈的文化，只是认可还不够，还要能玩到一起。如果品牌只是在场边鼓掌打CALL，没有下场一起参与，那么并不会赢得圈内人的认可。诠释圈层文化，并非搞些热词或热血态度，而是需要结合渠道层面的铺量和圈层领袖的发声，在与目标群体玩在一起的过程中获得认同。

圈层的作用是在大众共鸣之下找到圈层的讨论点。以高端酒销售为例，圈层营销正在成为一种常见的营销方式，传播上不再贪图大而全，而是立足于一个圈层，实现更多的转化。高端酒的受众通常具有一定的经济实力和社会地位，容易形成一个很有辨识度的文化圈或消费圈，而且圈子比较小众，企业能够将更多的资源和成本集中在目标圈层上。

每一个目标圈层获取品牌信息的渠道都是多样化的，必须对获取信息的渠道进行重点营销，既能避免资源浪费，又能吸引更多客户。将客户聚拢的目的是形成更高质量的有利于企业品牌传播的新圈层。要想维系新圈层，品牌必然要不断付出，通过活动来加强品牌和圈层的互动以及圈层内的关系往来。

因此，品牌进圈的首要目的是和圈内用户玩到一起，混个脸熟才好说话。这时对于圈子来说，品牌算是参与者。若进圈之后能重新建圈，形成自有品牌传播的生态系统，品牌就成了价值引领者，是圈子真正的核心（见图7—1）。

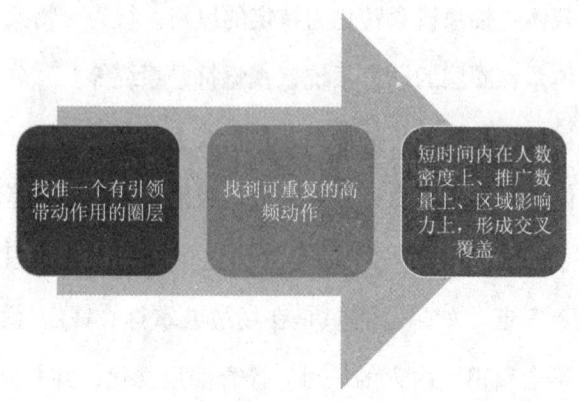

图7—1　新圈子形成的步骤

破圈——"种草"发展原点人群

破圈可以有两种解释，一种是在现有圈层下，通过一些破除常规操作成功引爆圈子；另一种则是在尚未成圈的情况下，通过一些组合式推广操作带动品牌快速突破，以形成新圈子。

双沟酒业曾以中低端酒为主，品牌推广上坚持"消费者培育运动"。在运营高端产品苏酒时，以"专属品鉴会（苏酒雅品会）+品牌峰会"的形式开展。①

"苏酒雅品会"②以当地核心消费人群（社会名流、核心企业等）为主，通过参加会议维持固有客户对品牌的黏性。借助核心消费人群的口碑和对品牌的认可，将品牌信息传递给处于同一圈子的潜在顾客，进而拓

---

① 王军辉：《高端白酒的"圈层营销"，如何入小圈破大圈？》，《华夏酒报》2022年5月14日。

② 《"绿色江苏 美好苏酒"苏酒雅品会在淮安举行》，洋河股份官网，2020年7月21日。

展客户面。同时,联合其他品牌和产业进行资源共享,如与高尔夫俱乐部合作,通过不间断的活动让苏酒头牌酒快速地在高尔夫圈子里打出知名度。

为核心消费者营造好的消费场景,既可以为品牌造势,又有利于强化消费者培育,品牌传播更易与客户群或潜在客户群共情。正因如此,双沟高端酒才能成功地引爆圈子。

高端白酒销售强调核心消费者的重复饮用频次,因而核心圈层的建立、营销与拓展显得尤为重要,圈层IP的开发及维系则更加重要。只有品牌更深入地了解适用人群,营销才能根据用户画像找到共鸣点,产品和服务才能更具温度,从而不断地将核心人群引入新圈子中。

通过对上述案例的解读,我们了解了圈层破圈对于品牌发展的重要性,品牌只有拥有能够引爆圈子和重塑圈子的核心能力,才能形成品牌效应。

在这个过程中,品牌的自发力和用户的"种草"量都非常关键。品牌自发力是在精准营销的基础上打出"组合拳",就像苏酒那样,先黏住核心消费群,再通过核心消费群拓展客户面,然后通过客户引爆圈子。环环相扣、拳拳到肉,不容客户不"就范"。

用户的"种草"量看似不受品牌控制,是用户自发的行为。但用户为什么会被品牌"种草"呢?"种草"的理由是什么呢?又为什么能让更多潜在用户去"拔草"呢?这些都受品牌营销能力和产品自身品质的影响。好酒才敢说"酒香不怕巷子深",飘出巷子的酒香才能让用户注意到。

"种草"的行为类似"安利",无偿或有偿地为别人推荐好货。据2022年4月4日百度指数显示,"种草"的整体日均搜索指数值为860、移动日均搜索指数值为 636、最高峰值为 2771。[①]

品牌推广的"种草"基本都是有偿的，通过 KOL 和 KOC 来实现。对于 KOL 而言，只有通过强体验才会建立对一个产品的真正认知，才会愿意在圈层中传播分享。KOC 的情况也差不多，都是逐级分层制造影响，自上而下进行认知传递。

KOL 代言和 KOC 的推荐，这种组合影响推广方式能够提高圈层的认知效率，对于小圈子引爆和破圈的帮助非常大。因此，品牌圈层运营多是 KOL 和 KOC 聚合活动，通过聚合形成相互作用力。强一层是 KOC 和大 C 的联结活动，实现一次圈层裂变，更强一层是把 KOL、KOC、大 C 组成联结体，形成结构性影响力。

出圈——自发性传播

"出圈"是从小就听到的一个词，一些父母说自己的孩子"淘出圈了"，就是淘气到出格了，甚至跳出三界外，不在五行中了。

后来"出圈"成了饭圈常用语，专指原本不知名的偶像或明星知名度突然变高，从"粉丝"小圈子杀入了大众视野，变成了真正的"公众人物"。

再后来"出圈"被引申后，不仅限于人，事件和物品也可以"出圈"。品牌营销最在意"出圈"的效果，从不知名小品牌到知名大品牌的过程就是"出圈"。

[①]《2022 年种草经济行业现状及发展前景分析》，中研网，2022 年 4 月 13 日。

品牌"出圈"的一个重要标志是圈层的自发性传播，也就是即使没有品牌营销的加持，受众群体也会自发地为品牌展开宣传，且宣传是无意间的、没有任何报偿的。如果品牌能达到这样的传播效果，说明品牌得到了消费群体的深度认同。

谈到被深度认可，不由得想起了当年给周杰伦做数据的事件。起因是豆瓣的一个帖子，楼主一本正经地问：周杰伦微博超话连排名都上不了，官宣代言的评论转发都不能破万。数据都差成这样了，怎么演唱会的票会难买，他真有那么多"粉丝"吗？①

大意就是这样，原话这里就不赘述了。此事在网上瞬间传播开来，激起了中年"粉丝"的义愤之情，开始了"爱的应援"——做数据。但对于早就脱离了不切实际追星年龄的大龄"粉丝"来说，打榜真的是门技术活儿，很多人都是现学现发。其间发生了各种令人笑着笑着就能泪奔的笑话，比如"两千多个老姐妹走错超话，你们回来啊""我做梦都没有想到自己遭遇的第一次中年危机是怎么给他做数据"。无论怎样艰难，大龄"粉丝们"在"被迫营业"的情况下实现了逆袭，硬生生地将周杰伦送上了超话第一，但也在疲惫之余发出了警告——"别想有第二次"。

这就是被深度认可，这就是自发性。如果品牌能如此深入人心，想要"出圈"就是分分钟的事。因此，如果品牌迟迟无法"出圈"，不要总是抱怨消费者眼睛不够亮，还是要低头审视自己的产品和服务是否具备"出圈"的特质。

假设产品和服务都具有"出圈"的实力，那么就要看如何运作了。每

---

①《微博世纪之战！"周杰伦没流量"？80后90后反手给了"小鲜肉"一巴掌！》，《哈尔滨日报》2019年7月21日。

一个圈层都有"圈层 IP"，这类人（一个或多个）在圈层内有强影响力和好口碑，起着意见领袖的作用，影响着圈层客户群的消费心理和消费选择。若能锁定"圈层 IP"的思维，就有利于快速击穿圈层，实现"出圈"。

让圈层消费更加有效的方法有两种：一种是通过专项服务，培育意见领袖，带动品牌高效触达用户，或者通过会员互动增加消费黏性；另一种是从消费场景出发，以场景细节激发用户自主帮助品牌进行传播。拥有场景就是拥有了消费者时间，就会轻松吸引消费者注意力，从而让价值敏感性取代价格敏感性。因此，场景细节的核心是体验细节，体验细节形成了决策依据。

下面，对如何培育意见领袖进行详细阐述，可以概括为三个步骤，如图 7—2 所示。

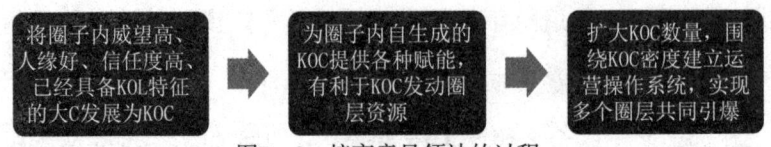

图7—2　培育意见领袖的过程

圈层营销的方法必须真正从引导客户需求的角度去发现契机，只有这样，才能形成圈层的自我扩容、逐步升级和再复制能力。

跨圈——打造产品的社交货币属性

"孤独经济"使每一个人成为更有商业价值的"微粒人"，数以亿计的"微粒人"构成了一个庞大的"微粒社会"。[1]

---

[1] ［德］克里斯多夫·库克里克：《微粒社会》，黄昆、夏柯译，中信出版社 2017 年版。

"微粒社会"的每一个"微粒人"都代表一种不同的消费性格，但又不能代表一种消费概念，所以"孤独经济"的经营模式应该是既聚合又分散的。聚合是对各种消费性格的整合，分散是对不同消费性格地再展开。也就是说，"孤独经济"既需要通过形成圈层来掌握话语权和打造稀缺性，又需要交互圈层来弥补其不足和形成衍生。然而，不是随随便便的品牌都具有这种跨圈的能力，只有具备社交货币属性的产品，才能自由地在不同圈层内游动。

社交货币属性被称为最重要的条件之一。那么，什么是社交货币属性呢？

美国品牌机构有一个调查数据，在美国单身女性购买频率最高的生活物品中，剃须刀排名第四——商场卖掉的80%的剃须刀被女性买走了。[1]

女性不长胡子，为什么买剃须刀呢？为人送人。

合适的、不能太贵、对方用得上，而且会常用，这样的礼物是最好的。女性送男性剃须刀就符合上述优点，而且各种关系都可以送，老爸、男友、男同事都行。

剃须刀就是一种特别好的社交货币。因为其有社交属性，东西就有额外的溢价。国内电商数据统计显示，从客单价来看，购买剃须刀女性比男性更舍得花钱。

曾听过一个59元钱的盲盒限量版娃娃，交易价格竟高达2350元。[2] 会不会有人大呼"疯狂"，CRAZY！

如果仅按照性价比来算，59元买一个可爱的人偶娃娃当作小摆件，并

---

[1]《飞科：让女性来买剃须刀》，数英 DIGITALING，2022年7月。

[2]《59元涨到2350元：盲盒经济爆发，是怎么火起来的？》，澎湃新闻，2019年9月21日。

不算贵，而且因为拆开之前不知道具体是哪一款，还能刺激自己一下，好看又好玩，值了！

盲盒的精彩之处可不只这点，作为一种社交货币，盲盒的玩法儿不仅很容易让人上瘾，还具有"围观"和"经验交流"双重属性。在盲盒玩家的圈子里，自己购买盲盒，然后自己拆开，这是最基础的玩法，社交网络上有不少拆盲盒的视频。

在生活中，有些盲盒爱好者还组建了交流群，彼此分享又买入了什么盲盒，拆到了什么样的造型。一些更为认真的资深玩家，则会在网上发布经验帖，内容是如何根据盲盒的重量、尺寸、摇晃的手感等因素判断盒子里是什么造型以及会不会是隐藏款。盲盒圈子还衍生出一个规模千万级的二级市场，专门供人炒作。

看到这里，你或许能理解小小的盲盒为什么这样"疯"了。没有人喜欢孤独，只是缺乏更精彩的话题。

盲盒的火爆还有一个隐藏很深的原因，那就是可以融入各类圈子，也就是跨圈属性非常高，不分年龄、不分职业、不分性别、不分爱好，都可以在好奇之下试一试，也许试过一次后就离不开这种小小的刺激了。

正因为盲盒具有高度跨圈属性，才让我们对跨圈有了更清醒的认识，不是所有商品都可以跨圈的，在进行圈层营销前，需要对自己的产品有清醒的认识。

拼圈——不同圈层间的闪联

随着社会人群的不断分化，客观上出现了很多形态的圈层，如以个体性质聚合起来的亲友圈、朋友圈、战友圈、车友圈、驴友圈、同学圈、同事圈、同乡圈，或以群体性质聚合起来的政界圈、商界圈、娱乐圈等，这些圈层既相互独立，又相互关联、相互渗透，形成了纷繁复杂的社会网络。

圈层给人的第一感觉是壁垒感，不同圈层有各自的表达，相互之间尊重彼此的不同。然而，圈层与圈层之间是否就一定是隔离关系呢？答案是"NO"。因为在现实中我们有时很难将各个圈层严格地区分开。比如一个人可以同时属于"宝妈圈"和"宝马圈"，还可以属于某口红色号文化圈或某手办手机文化圈。与人类似，产品也可以同时属于多个圈子，比如小米的小爱智能音箱，可同时属于AI圈、音响圈、小米圈、堡音圈等不同的圈。因此，圈层与圈层之间是存在共识和差异的。

拼圈不是寻找产品的天然因素，而是通过圈层之间的文化调性和场景契合进行连接。具体解释是圈层用户本身具有复杂性，可以是参与式的消费者，也可以是拥有超越日常生活情感表达的实践者，更可以是参与公共实务和进行公共表达的公众，当文化载体或场景都变得与他们相关时，两个圈层就产生了相应的联系。简单地说，就是寻找两个圈层暂时性的共同点，进行闪联，即短暂性联系，由此帮助品牌更好地整合各路资源。

关于品牌拼圈营销，有以下四种思路。

思路一：聚焦社区。社区是基于地理位置的圈层，相关性可能包含社区制度、社区服务、社区覆盖等。品牌要做的是充分利用新潮传媒聚焦社区，以线下梯媒增强圈层间的相关性，让传播内容成为社群舆论的核心。

思路二：PK向。要区别于骂战这样的不雅路子，作出纯PK向的策略。比如多年前肯德基广告邀请两位当红小生，打出"谁能代表肯德基"的噱头，两个人分别代表"原味鸡"和"脆皮鸡"大作战，通过投票的方式让两位明星的"粉丝"互动起来，互动就有了话题。如果噱头足够大，很有可能直接炸圈。①

思路三："粉丝"二创。既可以是圈层之间的互动话题，也可以是圈外的话题，但真正达到广泛传播的是基于圈层用户的内容再创造，也就是基于同一事件的"粉丝"二创，最经典的当属屈臣氏热爱105度蒸馏水，达到了圈层之间渗透传播的目的。

思路四：和而不同。相比单纯地做大众内容的事件，要么硬投放制造曝光，要么用PR稿（公共关系，又名机构传讯）向外渗透，"和而不同"的理念是一种升维思路。在大事件上"和"，不同的圈层制造"不同"观点，然后引爆舆论场，向大众渗透。比如快手的《可爱中国》，内容是具有大众群像共鸣的普适性话题，不论是内容上，还是传播上，都达到了"和而不同"的效果。

---

① 《数字观察："谁能代表肯德基"——一场双赢的广告战役》，数英DIGITALING，2014年5月21日。

第八章
万物皆可"云","自洽式"享受孤独

"孤独经济"正在成为新的商业助推引擎,这没有什么疑义。因为孤独,你我正在成为"微粒人",进行任何消费不用考虑别人的想法,消费行为完全反映自己真实的消费倾向,所以孤独反而使自己更加真实。

在云时代,任何事情都能"云"起来,"孤独经济"的主角们在科技的加持下,只是看上去孤独,实则是在真实地表达自己,坦然地接纳自己,自信且淡然。

"云生活"——现实生活的补充

"云生活"是基于云计算商业模式应用下的生活方式与平台服务的总称。

"云生活"的核心是将大量的社会闲置资源统一管理和调度,构成一个资源池并面向用户按需提供服务。参与分享的用户越多,能够创造的新价值就越大。

"云生活"旨在服务"草根"用户,搭建一个"草根互助爱心社区",为互联网用户提供社交、资讯、消费、互助等交互平台。

有些人将"云生活"看作是虚拟社会的虚拟生活,也并不是没有道理。首先,虚拟社会是基于计算机网络展开活动;其次,虚拟社会是通过互相作用形成的社会关系体系。

以现代计算机网络为基础和框架,人们以虚拟方式在其中展开活动而形成的社会关系体系就是虚拟社会。

虚拟社会的形成为人类生存和发展提供了新的空间,不仅丰富了传统的社会结构,而且形成了与现实社会并存的社会存在新形式。虚拟社会的形成改变了人类自古以来的生存方式和活动方式,形成了人类从未有过的虚拟生活方式。也正是因为虚拟生活方式的日益普及,改变了人类思维的社会基础,人类形成了全新的虚拟思维方式。而虚拟思维方式的形成,又进一步促进了虚拟社会的发展。这是网络科学技术时代的必然产物,生活方式改变着思维方式,思维方式又塑造着新的生活方式。

"云生活"的背后是不断发展进步的科学技术。科技在不断与人们的生活相互作用的同时，也带来了很多新机遇。

最常见的"云上生活"是外卖。不知道从什么时候开始，很多人逐渐喜欢上了"饭来张口"的生活，想吃什么，都可以在平台上尽情地浏览，小心下单。可以选择多点满减，也可以选择刚好够起送价，还可以选择多家拼单优惠。

经过几年的高速发展，外卖早已不是只送吃喝了。以美团外卖为例，进入App后可以看到美食、甜点饮品、超市便利、蔬菜水果、药品、鲜花、汉堡披萨，甚至是跑腿等N个项目。点进"全部分类"项，里边更是琳琅满目，仅"美食"下就有23个小项，每个小项下面对应的商家更是数不胜数。在"跑腿"中，用户可以选择"帮我送""帮我取""帮我买"，似乎在和用户说"你想干什么吧？我们都行"。一个外卖平台下就有如此多的商家、如此多的美食，只要用户自己有喜好，就必有一样适合自己的东西。为了让用户在任何时间都有机会享受美食，一些外卖平台推出了24小时送餐服务，不论深夜几点，总会有一些商家和一些外卖小哥在等待用户的召唤。

说完了外卖，再来看看最近几年发展更快的网上买菜。从前，不论几点下班都要"杀"入菜市场，亲自埋首于果蔬之间，挑选填饱肚子的食材。在慢节奏生活的时代，去菜市场买菜不仅不麻烦，还是一件蛮写意的事情，甚至还会发生一些令人啼笑皆非的桥段，为生活增添色彩。相声《着急》中就有一段，老急到菜市场买蒜，因为5分钱讨价还价，一段经典的贯口让人至今记忆犹新。

而在"孤独经济"时代，年轻人白天的大部分时间都在忙于工作，下班回家还要买菜做饭，可供休息的时间就更少了，所以一些人会选择点外卖以节省时间。然而，也有一些人愿意享受自己做饭的过程，毕竟一个人生活也要有些烟火气才好。网上买菜就发展起来，还未下班之前就在网上买好，下班到家也差不多送到了，很多菜都是洗好的"精菜"，只需要下锅炒熟就可以。这样既能享受自己做饭的过程，又节省了不少时间，可谓两全其美。

同样为了方便用户选择，平台会将各类菜品进行分类，每个大项下面还有更加详细的小项分类。用户总会有自己的口味，买菜时候对于自己喜欢的菜会常买，所以有了"我常买"和"为你推荐"选项。在家居百货中，有以惠民为主的"10元店"和"5元店"。只要进入就会发现，网上没有空间概念的限制，所有食材和所需物品应有尽有。

先说了送饭，又说了做饭，再来说说教做饭。各类短视频平台上，教大家做饭的账号非常多，一些人还因此改变了人生，从默默无闻的厨师、宝妈、奶爸、职员，教着教着便成了深受网友欢迎的网红，有了一点儿"咖位"。

很多人也都通过网络学过如何做美食，根据自己的口味喜好选择不同的博主。不得不说，一些真心实意传授技艺的博主的作品还是很有质量的，拯救了多少人的味蕾！我的一个朋友就是通过网上学做菜，从曾经的"做饭困难户"变成了如今的"做饭优质户"。做饭不仅改善了他的饮食习惯，还形成了更好的饮食态度，以前他总是认为讲究吃的人没出息，仿佛吃糠咽菜才能对得起自己的理想。通过厨艺的不断进步，他改变了原有认知，认为人应该具有美食意识，这是对生活的态度，也是对自己人生的态度。

当然,"云生活"不只包括吃饭,吃饭也并不是全部的生活。"云生活"涉及生活中的方方面面,只有想不到的,没有什么不能被搬到"云上"的。

有人对"云生活"进行了总结,那就是一句话"足不出户,啥都能干"。①虽然不是大家之言,但也蛮精辟的。如果说直立行走解放了人的双手,那么科技时代则解放了人的双脚。想要做到的、想要看到的,不用动,腾"云"驾雾就可以,怎一个"神"字了得!

不得不说,社会的发展太快了,就在十几年前,有谁能想到如今可以"云"来"云"去呢!切切实实经历过"自己动手,丰衣足食"的老一辈,虽然还难以跟上现在的"指尖文明",但也没有被完全落下,他们也都在年轻人的鼓励和帮助下,学着使用微信交流、网上购物、体验经济等。

遥想当年,网购刚刚兴起时,年轻人尚且在网上小心试探,中老年人更是直接PASS网上购物,认为不是面对面的,就都是"骗人"的。再看看现在,网上购物已经深入老年人的思维结构中了,自己会操作的,手机上直接就有此类App的,偶尔也时尚一下;自己不会操作的,给子女"下命令",交代自己的需求。

时代的车轮就是这样,从来不会停下来等着谁,作为个人能做的只能是跟上。跟得上要跟,跟不上想尽办法也要跟。

对于足不出户就几乎能达成一切心愿的"云生活",年轻人在接受上面没有什么障碍,不仅跟得紧紧的,还通过个体的不断出新、出奇,创造出不少别样的生活方式。"云娱乐""云逛街""云养宠""云学习""云旅

---

① 《"云生活"何以如此"圈粉"》,《广州日报》2020年3月26日。

游""云健身""云购物""云办公""云交友"……似乎万物皆可"云"。

"云生活"不仅是时代的潮流，更是对现实生活的补充。就像开篇举的几个例子，外卖、网上买菜、教人做饭，最起码在饮食范围内为现实生活提供了极大的补充。工作太忙没时间做饭的人，可以点外卖；想要做菜但时间不够充足的人，可以网上点"净菜"；希望自己也能做出美味饭菜的人，可以在网上随时学习。如果没有这样的"云生活"，就有很多人的生活会更加手忙脚乱、食不知味。

互联网技术的发展，让线上线下的界限变得模糊，由此出现了"云生活"。无论是否"空巢"的年轻人都迅速在"云"上找到了能让自己的生活变得更愉快、更有序的方式。

比如一些人（不限于年轻人）对猫狗有着难以自拔的喜爱，但因各种原因不能饲养，怎么办？甘受爱而不得之苦吗？这可不是现在年轻人的作风。自己养不了，可以看别人养，且"看养"队伍越来越庞大，微博、B站、抖音等平台上，一些动辄百万"粉丝"的萌宠博主就是证明。

逐渐地，年轻人发现，网上可以"看"得太多了，毕竟那些发到平台上的各类内容都是供人看的。自己在寂寞无聊之余，看看别人的生活，好像也就不孤独了。最典型的就是"云吃饭"，看着屏幕里的山中小院、深巷美食，在过了眼瘾的同时，好像自己也已经"吃"了。

有人说"云生活"只是技术带给我们的一种错觉，是年轻人试图通过网络将现实需求转移的一种方式。但"云生活"确实给人们的生活和工作带来了更多的可能性，通过各类"云"，足不出户就能与外界建立联系，将生活安排得井然有序，极大地提高了生活效率。因此，"云生活"的普及不仅仅是因为人们对更加高效、美好的生活有期待，也是精神世界的延伸，可以让人获得情绪补偿，从"代入感"中获得满足，以便更好地排解孤独与压力。

无论如何，虚拟的生活离开了现实生活是站不住的，"云生活"必须和实际联系起来。作为互联网的原住民，年轻人应该努力将"云生活"融入现实生活中，虚实结合才是当代新青年的必然选择。

"云娱乐"——快乐不打烊

十几年前，"云游戏"的概念首次被提出。具体的设想是以云计算为基础，把玩家的操作通过网络传输到服务器，通过服务器完成所有计算后，再将游戏画面通过视频流传输回玩家的设备上显示。"云游戏"的目的只有一个：让玩家的客户端摆脱对计算设备的依赖。

2009年，"云游戏"从概念变为产业——Onlive平台发布。因为当时的带宽无法满足正常的游戏体验，Onlive还未来得及预热，就退出历史舞台。①

5G网络的高速率和低时延，是支撑起"云游戏"发展的基础。在为应对新冠病毒感染而"全民宅"的日子里，各种娱乐手段接连出新，网络追剧、云旅游、VR旅游、VR直播……有着"云娱乐"需求的用户规模强劲增长。基于5G网络驱动的高清视频、在线游戏、音乐、AR/VR等新娱乐应用和产业得到了加速发展。5G网络让娱乐完成了从"端"到"云"的

---

① 《5G开拓互动娱乐产业新蓝海 云游戏或成行业新变量》，金融网，2020年8月2日。

迁移。

5G、人工智能、数据中心等新基建的核心内容关乎国计民生，给整个数字娱乐行业带来全新的机遇和挑战。随着科技的不断进步以及新冠病毒感染对人们生活的挑战，数字娱乐行业的新机遇和挑战已经开启了。

据中国演出行业协会的统计数据显示，近年来公众文化娱乐支出比重不断攀升。然而，突如其来的新冠病毒感染让本该迎来"春天"的演出市场如坠冰窟。虽然坠入冰窟，但也不能等着冻死，在云计算盛行的当下，其他方面都在"云"，娱乐业也不例外。"云娱乐"就是在这样的大背景下急速发展起来的，并且形成了新的生态体系。

在居家期间，很多网友尝遍了各式各样的娱乐消遣方式，如"云K歌""云唱秀""云打球""云演唱会"等。

某位网友不仅在"全民K歌"上自己唱，还建"包房"邀请微信好友一起唱。点歌、已点、上麦……一切操作跟在KTV里一样，唯一不同的是，歌者可以把自己的作品发布在空间里分享，并和"粉丝"、好友留言互动。有夸奖、有社交、有朋友参与，跟真实的KTV没什么区别。

某位篮球迷因新冠病毒感染不能打球了，就和小伙伴们聚集在一款"NBA 2K20"的篮球手游下，不仅可以自己投篮，也可以和朋友们比赛，更重要的是可以和喜欢的球星同场竞技，这是在线下根本不可能获得的快乐。

"酷狗直播"数据显示，新冠病毒感染期间其宅家"云享乐"系列直播和"线上音乐会"等直播节目超过100场，累积观看人次超过4000万。[1]

---

[1]《线上演唱会火了，是情怀更是商机》，搜狐网，2022年10月5日。

人们在坚定不移地执行新冠病毒感染防控政策的同时，也没有忘记乐观生活，娱乐成了艰难日子里最好的调剂品。一些演艺界人士也将自己的"战场"从线下挪到了线上，所谓情况越艰难，演出就越有力量。这是老一辈人传下来的优良传统，在新时代同样熠熠生辉。

"云娱乐"不仅可以缓解工作和生活的压力，也会在一定程度上改变人们未来的生活方式，尤其是文旅消费成为热点，其衍生孕育的经济形态不容小觑。京东大数据显示，最近两年直播设备的成交额环比增长60%，同比增长3.3倍。[①] 看来人们不仅接受了"云娱乐"，还愿意将"云娱乐"发扬光大。

"云娱乐"在全国范围内规模最大的一次发扬光大就是给"原地过年"带去的强力支撑。春节是中华民族最重大的节日，每逢年底绝大多数人都会不远千里、万里地回家过年。但突如其来的新冠病毒感染打乱了这份美好，连续多个春节国家都不得不号召老百姓"原地过年"。

为了国家越来越好，百姓们都义无反顾地支持，很多年轻人也都放弃了回家过年，选择留在工作地，和朋友、和同事，或者只有自己一个人过年。春节假期只有7天，回家过年总觉得短暂，就地过年却显得格外地长，尤其是那些一个人过年的人。"云娱乐"就是在这种情况下成功占得C位。

为了给留守的"原年人"（原地过年的人）创造更多的年味儿，各家娱乐平台可谓煞费苦心。这边短视频平台或推出云直播IP或开播微短剧，那边长视频平台联手推出"网络电影春节档"，极大地填补了"原年人"的精神空虚。

---

① 《京东"618"多款产品成交额实现大幅增长》，海外网，2021年6月2日。

一个人过年，缺的是陪伴感；不能回家过年，缺的是家庭娱乐场景。很多平台推出了"云直播"的系列 IP 节目，借由近距离的"星素"互动，扮演陪伴"原年人"过年的暖心角色。多年以后的某个大年初一，或许你会想到，"多年前的那个男人曾在线陪我一起过年！"将"云直播"做成新春 IP 是一些平台的目的。比如 2021 年春节期间的"快手超级播"，从 2 月 2 日小年夜到 2 月 26 日元宵节，持续 26 天超长待机的春节直播 IP，每晚 8 点都有一位明星直播。2 月 12 日，某顶级天王出场，携手其他几位"80 后""90 后"大众熟悉的艺人们，共同献上名为"既来之，则乐之"的线上唱聊会。凭借创下 1 亿多人在线观看的记录，拿下了当晚的 19 个微博热搜。①

快手的过年"云娱乐"从小年夜拉开帷幕，"耐撕大会（脱口秀大咖踢馆快手大 V）""最美之夜""新春演讲（看见未见，打破成见看时间）""跨次元职业""《原唱来了》新春专场"……一共 26 场直播，涵盖了音乐、喜剧、演讲、综艺、游戏、脱口秀、二次元、知识分享等细分领域，可以说给网友们连续献上了 26 台风格各异的"春晚大联欢"。

当然，与过年如此重要的日子交错，将"云直播"做成新春 IP 绝非快手一家。搜狐视频也在 2021 年 2 月 9—11 日和 2 月 14 日推出了"直播伴你过大年"系列直播活动，为守候在大小不一的屏幕前的"原年人"和"非原年人"们，奉上了 40 余场直播，话题从美食、美妆、健身到星座、读书、新剧、旅行，无所不包。②

---

①《快手超级播，本质上是其超级直播生态的支撑》，数英 DIGITALING，2021 年 2 月 2 日。

②《搜狐视频"直播伴你过大年"即将拉开序幕 陆柯燃、利路修邀您一起"云"过年》，北晚在线，2022 年 1 月 26 日。

无论是"快手超级播",还是"搜狐直播伴你过年",相比上一年推出的"明星云直播",内容的制作更趋精品化,直播的形式和邀请的明星更为多元丰富,满足了不同圈层观众的线上娱乐需求。

除了直播,影视内容也与"云"密切关联。2021年2月5日,在中国电影家协会网络电影工作委员会的牵头下,联合爱奇艺、优酷、腾讯三家长视频网站,正式提出具有官方背书的"网络电影春节档"。[①]

《少林寺之得宝传奇》和《发财日记》两部重磅影片以PVOD模式(高级视频点播服务),于当年的大年初一同时登陆三家网站。这两部影片原本是为院线准备的,与传统意义上的"网大"有着根本上的区别,此番院转网,意味着网播电影不再是"小制作电影"的代名词。

此外,爱奇艺、优酷和腾讯三家平台还官宣了40余部网络电影新片、限免院线大片上线平台,齐齐发力"线上春节档"。

通过各大平台春节档推出的"云娱乐系列"节目可以看出,线上娱乐抢占文娱市场C位的决心和野心,"云娱乐"内容必会常态化推出。

不难想象,未来很少有年轻人会观看一场数个小时不间断的电视节目,短视频上的明星IP节目与观众的距离更近,更能展现明星的真实面貌,也更易激发"粉丝"的互动欲望。当下日活好几亿的短视频已经成为国人线上娱乐的主力军,就足以证明这一点了。未来,各路明星都将在短视频平台推出更精品化、更亲民的IP节目。

在线上观影方面,流媒体对电影院的冲击已是不争的事实,线上线下实现双重影片供给的大势已经不可逆转。随着5G网络的逐步普及,"云观

[①]《首个"网络电影春节档":火爆不输大银幕》,《羊城晚报》2021年3月1日。

影"提供的内容已经接近电影院的观影体验了。

总而言之,在今后相当长时间里,无论是短视频平台,还是长视频平台,都将持续推出高质量、高爆发性的"云娱乐"内容,以"快乐不打烊"的方式与线下娱乐抢夺用户群体。

"云商场"——躺平式逛街

提到新零售,大家的关注点各有不同。便利店能满足便利购物需求,大卖场可满足一站式购物需求,淘宝网店则是更好地满足了长尾购物需求。各类新零售融合了各方优势,达到互补的效果。

据国家统计局公布的数据,2021年全国网上零售额130884亿元,比上年增长14.1%。[①] 新零售在新技术的支持下,仍在不断地自我迭代中。从人脸识别技术的运用,到无人机配送、智能客服、线下实体等智能化商品或服务体验。

随着互联网的不断发展,越来越多的人选择在线购物。这种方式既方便又高效,解决了人们没有时间逛街的现实难题和面对面不容易解决的问题。已经发展了十几年的网上购物已经非常成熟,有包罗万象的淘宝、天猫,有以家电为核心、以自营为覆盖面的京东,有走品牌折扣路线的唯品会,有走精品路线的网易严选,有以团购起家、综合各类零售形式的美团,有以深耕下沉市场著称的拼多多……这些已经将线上购物的网络编织

---

① 《国家统计局:2021年社会消费品零售总额增长12.5%》,《新京报》2022年1月17日。

得足够严密，几乎可以说，已经覆盖任何一个角落。

网上购物让人们获得了之前从未有过的购物体验，可谓"一机在手，天下我有"。虽然网上购物的受欢迎程度比实体店要高，但任何事情都有两面性，利弊是同时存在的。网上购物具有便捷性，可信度也高，但相比线下购物，商品展示缺乏真实性，照片拍得再漂亮，内容写得再到位，也比不上亲自拿在手里的感觉。因此，线上购物的退换率是高于线下的，但这也是享受超高便捷性所必须付出的代价。

希望线上购物能具有线下购物相同的真实性，在目前的科技水平下实现起来还是不现实的。那么，有没有一种介乎于两者之间的销售方式呢？既有线上的便捷性，也能具有一定的真实性。"云商场"就是在这种需求之下诞生的。

随着线上销售的日趋饱和和受真实性所限，线下又成为很多商家着力争夺的焦点。将线上销售和线下体验结合起来，给予消费者最大的商品可视化。线下体验仍然需要消费者亲自来到线下，体验值拉满了，好像又找到了逛街的感觉，只不过付款的地点搬到了线上。

随着实体商场的新零售水平提升，各类线下体验店的新物种不断生成。线下门店已经不再是唯一的购买渠道，云店、直播、小程序等为消费者提供了多重选择。银泰百货推出"云店"，店内只需常备试用装，借助"云屏"的交互方式，消费者选好商品后，仍由线上下单结账。数据显示，2021年10月20日至11月10日，银泰百货快递单量同比去年提升了44%。[1] 云店已经拓展高校、下沉市场、品牌欠缺的商场等多种场景。

---

[1]《开补光灯、上链接、点赞下单……银泰架起"云上"商场》，《北京商报》2021年12月9日。

还有一种"云逛街"，那就是在商品的官网或公众号上挂一个网址或商户的二维码，扫码后，进行查看和购买。这种和进入网购平台的性质是一样的，最多也就只能称为"云购物"。

那么，究竟什么才是"云逛街"呢？需要怎样的技术支持呢？

"云逛街"一定离不开 VR 全景技术。广州 K11、上海万象城、上海世茂广场等都已经打造了属于自己的 VR 全景虚拟商场。借助"VR+3D"技术，实体商场被搬到线上，既可以搭载到小程序上，也可以搭载到网页上。消费者如有逛街需求，直接点进相关链接中，就可以实现足不出户"云逛街"。

进入"云商场"中，消费者通过热点可以自由游逛其中的各类店铺，寻找自己喜欢的商品。这种全景式体验和线下商场购物类似，满足了消费者可以 360 度审视商品的需求，同时优化人们对于逛商场的疲累感，做到了真正的"躺平式逛街"。

"以前没有在商场的云商城上买过东西，最近试了一下，挺方便的。"一位在"云商场"购买化妆品的顾客说："可信度提高了，每次看到导购在朋友圈推，我都会点进去仔细看。"

"云商城"有别于单纯的网上开店，更多的是助力商贸零售企业建立"私域流量池"，让流量池里的消费者互相建立信任。

商场进行线下线上融合是必然趋势，也是求生的必须模式。"云商场"有视频化、实时、互动、真实等特征，能真正实现"云逛街"。"云商场"从技术上和理念上突破了传统逛街的时空限制，甚至可以让消费者获得比传统线下逛街更强的体验感。

因此，VR 全景虚拟商场的出现为传统商场开辟了一条新生之路，商场的客流量从局限于所在城市辐射到了全国甚至全世界。

"云医疗"——全健康解决方案

2021年11月，看到一则地方台新闻，内容是：

如果你在就诊的过程中遇到一些疑难杂症，在本地医院也没有可以咨询的专家，该怎么办呢？现在好了，丽江市首个云医疗"云服务平台"开始试运行了，该平台通过互联网连接高端医疗资源，为疑难杂症患者提供精准的远程会诊，这不仅打破了卫生信息孤岛，还实现了区域内的医疗影像大数据和医疗资源互联互通共享。①

据介绍，"互联网＋科技"平台让老百姓在家门口就能享受到大医院的同质化医疗资源和服务，从而实现"小病在乡镇、大病不出县"的目标。

2020年6月，《人民日报》发表了一篇题为《"云医疗"时兴，善用互联网才能把医院办得更好》的文章，开篇写道：

相较于传统医疗，互联网医院等"云医疗"更为便捷、高效。可以预见，"云医疗"服务会越来越广泛、更加贴合人们的需求，从而成为医疗

---

① 《丽江市影像云服务平台试运行　患者看病便捷又省钱》，丽江网，2021年11月23日。

健康服务供给的重要阵地。

"云医疗"是新生事物,而医疗问诊又事关人们的生命安全和身体健康,必须在严谨规范的轨道上运行。

文章中提到北京协和医院互联网诊疗服务正式上线,引发广泛关注。各地公立医院纷纷探索"互联网+"模式,积极开展在线诊疗、医保支付、药品配送等服务,"云医疗"正加速进入普通人的生活。

2020年,"云医疗"还是新生事物;2021年,"云医疗"已经从大城市下沉到中小城市。其实,"云医疗"的前身——"在线问诊"已经开通多年了。

2005—2015年,还是互联网PC时代时,"在线问诊"已经隐约有了苗头儿。像百度知道、天涯社区、百度贴吧等,都或多或少涉及疾病的咨询和讨论,虽然很多医学信息并不靠谱,但也是最简单的"在线问诊"的雏形,被称作"在线问诊1.0时代"。

2015年,随着以微信支付为代表的移动支付的出现,彻底颠覆了知识领域的价值变现,知识付费出现了,也产生了当时的现象级互联网产品——分答。当时就有观点称:医疗咨询是知识付费最刚性的需求。分答衰落后,很多在线医疗产品就此迭代创立起来,如好大夫、平安好医生、春雨医生等。医生提供的正确医疗咨询被打包成产品,为医生带来了收益,在线问诊进入2.0时代。

真正对医疗格局产生影响的是新冠病毒感染的暴发。在我国,公立医院是医疗市场的王者,也是百姓心中的菩萨。在新冠病毒感染暴发之前,很多公立医院并没有进入互联网医疗;新冠病毒感染暴发后,很多公立医院纷纷上马互联网医院。虽然仍处于摸索阶段，但由于公立医院本身具备的优势，批量入场后对 2.0 时代的第三方平台造成了巨大的压力。在线问诊进入"云医疗"阶段。

"云医疗"本质上是互联网技术在医疗行业的一种应用延伸，是一项全新的医疗服务。它以大数据、云计算、物联网等新兴技术为基础，结合传统医疗技术，扩大了医疗范围，实现了医疗资源共享。

随着 5G、大数据、人工智能等技术的快速发展，互联网在医疗领域的应用场景越来越丰富，推动了"云医疗"的落地。

目前，"云医疗"的主要形式包括"云医院"、远程诊断及会诊系统、居民健康信息"云管理"、互联网医药电商。

1. "云医院"——打通线上线下的诊疗服务

患者可以通过个人终端设备登录医院 App，选择在线挂号、在线问诊等服务。"云医院"的服务范围、项目、价格必须明示，电子处方使用规范、购药流程和监管办法必须有相关规定。制定线上诊疗规范和线上接诊流程及要求，建立对医生的激励和约束机制，努力为患者提供部分常见病、慢性病复诊、家庭医生等签约服务。

2. 远程诊断及会诊系统——线上业务和线下业务需明确分工

通过对智能设备的数据化管理和人工智能辅助，专家和患者可以实现远程视频交流或者多地医生对患者进行远程综合诊治。须简化就医流程，同时满足轻症患者在家就能得到有效诊疗和重症患者尽快获得有效诊疗的需求。

3. 居民健康信息"云管理"——以动态化信息管理推进"云医疗"建设

实现就诊信息、检查化验、电子档案等各环节数据的互联互通，同时确保患者就诊信息安全。凭借个人身份证登录后，个人在体检、治疗、医药使用等方面的数据经系统有效整合后，不仅个人可以实时监测到自身的健康数据变化，医生也能通过对患者个人健康档案的查验进行有针对性的治疗。

4.互联网医药电商——通过在线下单实现医药产品服务的上门配送

当前，大型电商平台已将经营范围延伸至医药领域，消费者可以通过手机终端实时进行医药消费，满足了消费者及时获得医药服务的需求。电商平台通过对线下医药渠道的资源整合，最大限度降低医药成本，使消费者能够以较低的价格享受到同等的医药服务。

传统医疗行业触网上"云"、拥抱前沿科技已是大势所趋，"互联网+"对传统产业是一种向上的延伸，更是互联网与传统产业的融合。"云医疗"通过对医疗资源的整合，实现了在线问诊、配送药物等便捷服务，减少了患者的各类就诊成本，将有助于打造医患关系新生态。

各大医疗机构着力整合区域内的在线资源，形成"云医疗"健康联合体：利用"云医疗"模式，推动分级诊疗；借助"云医疗"资源，推进医疗机构与疾控机构信息共享联动；借助"云医疗"平台，广泛开展爱国卫生运动和健康科普活动。可以预见，"云医疗"会越来越广泛、越来越契合人们的需求，成为医疗健康服务供给的重要阵地。

"云学习"——个性化的获得感

近几年,通过互联网寻找学习机会的人越来越多,一部分是在校学生,需要不断充实自己的知识库;另一部分是早已走出校门的人,想继续用知识的力量来武装自己。

通过互联网做的事情,大概率都被称作"云……",在学习这一块就自然称作"云学习"。传授知识的一方和获取知识的一方通过互联网关联在一起,或许从未谋面,但知识的桥梁早已贯通。在新冠病毒感染形势严峻期间,大大小小的学生都居家学习,一些以前从未想过要在网上教学的老师们,纷纷发动"小宇宙",步入"云教学"行列。一些老师还因此在网络上"出圈",成为网红达人。

由此还诞生了"知识付费"的新兴消费领域。据一项调查数据显示,有93.3%的受访大学生表示愿意为优质内容付费。[1]越来越多的年轻群体也愿意为自己想要获取的知识付费,他们在各类平台上付费获取相关信息,利用碎片化时间学习知识。

下面我们先略过知识付费,来看看不用付费就能获取知识的渠道。

在网上学习,不是新冠病毒感染之后才有的,而是新冠病毒感染之后覆盖了更大的学习范围。几年前就有了"B站大学生"的称呼,这是对那

---

[1]《知识付费调查数据:2021年中国93.3%受访大学生愿意为知识付费》,搜狐网,2021年10月30日。

些在B站上寻找课程教学视频的人的统称。有人为备战期末,有人为备战自考,有人为备战英语考级,有人则是自学一些用得上的课程,有人则纯粹为了充实自己……虽然需求各异,但大家都是为了学习而来。

数据显示,目前至少有超过1亿的用户在B站学习,接近我国在校大学生数量的3倍,充分反映了当下"云学习"的风靡程度。

线上课堂和线下课堂的最大区别在于氛围,最直观的体现是学生与老师的互动交流更加自由和频繁。打开B站某个教学视频,弹幕立刻飘过N个"老师好",如果老师在教学中间穿插个小幽默或小插曲,弹幕也会默契回应。哪怕老师不小心犯个错误,弹幕也会温柔指出。这样的课堂氛围在传统的线下教学中很难见到,毕竟面对面时,学生总是带着拘谨。而依托互联网平台搭建的课堂打破了师生交流的障碍,老师有机会获得更及时的反馈,有利于调整课程安排和教学方式。

原本为娱乐休闲而生的视频平台,如今涌入了众多深受网友喜爱的教授级UP主。究其原因,是供求关系在发挥作用。年轻一代对知识学习充满渴求,高校从教者正好是知识的最佳提供方,他们加入网络课堂,使专业知识传播跨越了传统大学的围墙。

视频网站毕竟不是正规的教学窗口,汇聚在此更多的是个人创作者的知识内容输出。一些教授也另辟蹊径,不讲专业课程,而是在自己熟悉的领域"借题发挥",为对相关领域感兴趣的网友们进行科普。仍以B站为例,这类属于泛知识的视频内容,短则三五分钟,长则达二三十分钟,形式多样、主题内容丰富,有各类学习需要的人都可以快速精准地找到相关课程。这些高校从教者,既有学历资质,又充满个人特色,或幽默风趣,或一本正经,但都是干货十足,没有理由不受欢迎。

在 B 站上还有一些并非大学从教者的 UP 主，其发表的内容也同样受到欢迎，因为同样兼具知识性和趣味性。比如有超过 400 万"粉丝"的"思维实验室"，内容多为历史和地理的冷知识，讲解方式简洁而透彻；再比如有几十万"粉丝"的"天才女友 GG"，有理有据且风趣幽默地讲述以时尚、流行、财富为主题的内容。

既然"云学习"越发受到推崇，供人们学习专业知识的 App 就应运而生了。通常这类课程内容结合了有偿和无偿两类，在此我们介绍"中国大学慕课"。

早期的开放式网络课程主要依靠高校组织老师系统地策划、录制课程。随着平台课数量及覆盖科目的不断增加，视频课程成为有各类自学需求的人的重要学习资源，包括国家精品、期末突击、大学应试英语、外语、考研、四六级、计算机、音乐与艺术、心理学、专升本等多个大项，每个大项下又划分了多个小项，尤其是"国家精品课程"的安排更贴近高校教学，教学质量极高。

线上教学，老师虽与自己的"云学生"素未谋面，却不妨碍其从学生身上获得真切的职业价值感。学习者与教学者形成良性互动，使得知识输出型视频更具生命力。

上面我们提到知识付费，下面就看看这方面的内容。

在资本的助推下，知乎、得到、喜马拉雅等内容平台纷纷崛起。2021 年 12 月 27 日，互联网问答内容平台——知乎发布了 2021 年度内容盘点，引发了社会关注。这些被盘点出的社会热点，知乎用户贡献了大量的优质内容。

目前，知乎上的图文通读率达到了 78%，知乎的活跃只是近年来知识付费产业蓬勃发展的缩影。知乎从小变大的过程，也是知识付费逐渐形成开放和健康生态的过程。

知乎创始人、CEO 周源说过，优质内容对于用户有三个特征：开阔眼界、带来帮助、产生共鸣，知乎将其概括为"获得感"。"获得感"既是行业发展的公约数，也是创造内容产业新未来的努力方向。[①]

知乎也在实际运作中将"获得感"定义为衡量内容价值的标尺，并用以强化社区治理、调整内容结构、为好内容的生产与消费提供更大和更良性的空间。

虽然知识付费仍处于行业发展的幼苗期，但知识付费已经是时代进步的体现了，得到了"80后""90后"和"00后"网络用户消费习惯的支撑。幼苗生长期总是需要不断修剪的，知识付费类平台需要时刻防范内容同质化和大而化之现象的发生，始终着力提升内容的含金量，让人们真正有获得感。

总之，我们有理由相信，"云学习"对推动形成"人人皆学、处处能学、时时可学"的全民终身学习新常态具有巨大作用。

"云就业"——新模式拓展新空间

2021年12月28日，教育部召开新闻发布会。教育部高校学生司司长表示：2022届高校毕业生就业形势依然复杂严峻。[②]去年11月，教育部印

[①]《知乎创始人周源：让用户有获得感，才是好内容》，财经头条，2021年12月16日。

[②]《创历史新高！教育部：2022届高校毕业生预计达1076万 就业结构性矛盾尚未根本缓解》，《每日经济新闻》2021年12月28日。

发了工作文件，会同人力资源社会保障部召开了视频会议，部署开展高校毕业生就业促进行动，多措并举促进高校毕业生就业。

每年三四月份，被称为大学生求职的"金三银四"。2022年由于新冠病毒感染反复波动，很多线下招聘会都被按下了"暂停键"。为保证应往届毕业生的就业需求和广大求职者的切身利益，教育部推出的核心措施是利用升级改版后的24365就业平台，加大力度促进线上"云招聘"，实现高效率、高匹配度和高满意度的"云就业"。

同时，教育部鼓励各地各校用好"互联网+"就业的新模式，并要求各地统筹开展线上线下各类招聘活动，着力保持校园招聘的热度，为应届毕业生提供更加便利的就业服务。

在"云招聘"之外，24365平台还将大力推广"云签约"，实现求职签约的线上一站式办理，真正将"云就业"落地。

此番推行的"云招聘"伴"云就业"不是传统的网络招聘，即用人单位在网上发出招聘信息，求职者到网上寻找有意向的招聘信息，而是以直播的形式，聚焦某个行业和地区的企业的相似岗位。这种真正的"云"上招聘参照火爆的直播带货，因而被称为"直播带岗"。

对用人单位来说，"直播带岗"能够缓解线下招聘无法如期进行而企业急需用人的矛盾，也能够彻底改变从前那种网络招聘发出消息后只能听之任之的局面，HR可以用简短的时间（通常为10—20分钟）介绍企业的基本情况和岗位要求，然后就是和求职者进行网上互动。

对求职者来说，"直播带岗"能够提供相对精准的岗位信息，节约了大量时间和精力，更重要的是可以就用人单位的经营情况和岗位情况进行纵向和横向比较，以尽快找到适合自身定位的职位。

如果用人单位与求职者有初步意向，求职者可以直接登录企业的招聘入口，与HR"结对"进一步交流，劳资双方可在此基础上建立更紧密的联系。

总之，国家为用人单位和往届毕业生搭好了求职的舞台，用人单位和求职者们需要双向使力。企业需要借力打力，积极配合"云招聘"的政策规定，招录与企业用人岗位匹配的人才；应届毕业生和求职者们则需要主动出击，抢抓机遇，为自己谋得合适的工作岗位。

前不久，在广东省中山市人社局举办的一场"智汇中山"数字化转型装备制造业专场"直播带岗"会上，大洋电机、华帝股份、联合光电等7家当地企业的HR与上万名求职者"屏对屏"展开求职招聘，应聘成功者可以在"云端"实现"码"上就业。

"直播带岗"的方式架起了用人单位和求职者之间的桥梁，一边是用人单位HR对企业要求、招聘岗位、福利待遇等在线讲解，另一边是上万名求职者不断以弹幕形式询问岗位情况，现场互动局面火热。

相较企业的待组织性，专职招聘网站的"云"上自发性更强一些。2019年6月，智联招聘推出了视频面试产品。2020年初，他们将视频面试产品加紧迭代并普及使用，把传统的招聘会、宣讲会均搬到了云上。2021年初，将直播与面试结合，基于移动端在行业内首创视频直播招聘，用工单位与求职者快速建立联系，大幅提升了招聘效率。2022年初，智联招聘再次升级推出企业视频介绍、职位视频介绍等功能。求职者在职位筛选阶段即可完成对企业的"摸底"，了解企业、职位的情况，甚至能看到工位情况、办公环境等。

为了方便求职者更快地发现合适自己的工作岗位，智联招聘还设有"职位推荐官"，通过直播的方式在线为求职者推荐工作岗位，求职者可以通过留言或连麦的方式与"推荐官"联系,"推荐官"根据求职者的需求推出招聘信息。因为每天的岗位不同,所以不是所有的求职者随时在线上都能找到中意的岗位,"推荐官"会在线下帮助求职者留意合适的岗位,并且推送给求职者。

可视化产品在岗位招聘和人才发展等多元化业务版图中得到了广泛应用,形成了覆盖企业介绍、职位介绍、面试沟通、人才发展各个环节的全景视频生态版图。

"云游览"——足不出户,看到诗和远方

文化和旅游部、国家发展改革委等十部门联合印发《关于深化"互联网+旅游"推动旅游业高质量发展的意见》中指出:优化"互联网+旅游"的营商环境,以数字赋能推进旅游业高质量发展。[①] 从早期线上找旅行社,到线上查出游攻略,再到线上预约景区门票,再到如今的线上游览旅游景点,以互联网为代表的现代信息技术带动了一轮又一轮的旅游业的服务创新。

线上游览旅游景点?是的,就是"云旅游"。

所谓"云旅游",涵盖了足不出户就能通过数字化、虚拟化等科技手段实现旅游体验的总和。具体而言,"云旅游"的常见形式包括非带货类的旅游直播、旅游短视频、旅游 Vlog、VR 虚拟旅游等。

"云旅游"虽然是科学技术迅速发展的体现,但也着实是在不得已的

---

① 《十部门联合印发意见 推动"互联网+旅游"深化发展》,光明网,2020 年 12 月 1 日。

实际情况下开发出的应对方式。新冠病毒感染让全国旅游业陷入困境，名山大川、文化故里都摆在那里，人们却到不了它们面前。

有人想看黄山的日出日落，有人想看苍山洱海的云卷云舒，有人想一睹洛阳牡丹的花开花谢，有人想征服华山传说中的直上直下……一时间难以成行，心里又着急，怎么办？2022年5月19日，第12个"中国旅游日"开展"万名导游带您云旅游"直播推广活动，透过手机镜头，祖国的大好河山和深厚文化与游客们在"云端"相聚了。[1]

游客们一边云游，一边评论，"感谢主播让我躺在床上看到了山顶日出""兵马俑可以用放大镜看细节，竟然比现场看得还真切""动物园也直播啊！呀！国宝闹脾气了"……

因为5G、VR等技术的成熟与普及，曾经只能通过照片、文字记录的风景名胜和人文历史，如今在方寸间的手机屏幕上活灵活现，即便不能身临其境，也能隔着屏幕找到旅游的快乐。

借助"云旅游"的东风，很多博物馆等文化场馆也开启了"云端"呈现、"云端"讲解，让文物触"手"可及。

关注"长沙博物馆"微信公众号，通过主界面"看展览"选项进入"全景漫游"界面。在"全景漫游"模式中，游客可以360度全方位、高自由度地参观展厅陈设，通过点击画面左边的小蓝圈就可以选择进入相应的陈列厅，在陈列厅里可以继续360度近距离观赏精品文物，点击想要了解的文物详情，就能体验专业的语音导览。

游客躺在家里，动动手指就能实现点哪儿去哪儿、到哪儿看哪儿的便

---

[1]《今年"中国旅游日"怎么过？"云旅游"或成新选择》，人民资讯，2022年3月28日。

利，在窄窄的一方屏幕中就能了解到两湖地区的悠远过往。

看到了"云"的优势后，一些美术馆、书店、动物园等休闲娱乐场所也纷纷开展了"云观展""云游览"等线上传播形式。

关注"李自健美术馆"微信公众号，通过主界面"展览活动"选项进入"VR云观展"界面。在"VR云观展"中，游客可以看到馆内的常设展与往期特展。每一幅书法画作都有一张高清电子照片，可以按住屏幕自由缩放，在家就能近距离地感受艺术作品的神韵。点击屏幕左上角的圆形图标，可以显示当前观看的画作在美术馆的位置。

据抖音生活服务联合巨量引擎城市研究院发布的"五一抖音旅行报告"显示，2022年五一假期，2.5亿人次在直播间跟着导游打卡景点；网友宅家观看旅行视频，做了38.5亿次"云游"。[①]

透过一个个镜头和一句句耐心详细的讲解，很多人会被"种草"，产生旅游消费和增长知识的冲动，即使当下因为主观或客观原因无法成行，网友也会把心仪的地方放进愿望清单中。"云旅游"虽然不能算作真正意义上的旅游，但它"种下的草"为旅游业未来的持续蓬勃发展提供了助力。

---

① 《互联网为文旅产业"景"上添花，短视频云游种草成趋势》，封面新闻，2022年8月9日。

第九章
兴趣青年的"新文化运动"

  青年是引领社会潮流的先锋,他们的生活方式不可避免地被打上时代烙印。中国正在涌现出一批"兴趣青年",他们乐于在自己的兴趣爱好上投入大量时间与金钱。

潮牌球鞋文化

还记得 2019 年潮流电商平台 YOHO 为某明星拍的那组潮鞋的视频广告吗？影视剧里的"苏大强"化身潮男，脚穿 AJ1，一身潮酷十足，哪里看得出是那个岁数大又不爱洗澡的"苏大强"。事实上，潮牌球鞋已经从一个圈层式的亚文化升级为某种显性的流行文化，"出圈"是必定的。

相信炒鞋这个概念大家都不会陌生，一双球鞋可以炒到几万元，甚至几十万元，这种事情为什么会流行起来呢？因为年轻人无法拒绝潮流的东西，特别在当下"孤独经济"盛行时期，购买潮牌球鞋已经成为很多年轻人生活中不可或缺的事情。你可以没有房子，没有豪车，但是不能没有一双 AJ（耐克乔丹球鞋）！

随着潮牌球鞋文化的盛行，国内外的一些品牌也开始做起了潮牌，比如以李宁为代表的国潮服饰和球鞋在 2020—2022 年风靡国内市场，甚至老牌球鞋回力都往平价潮牌方向发展。国外的就更多了，比如以滑板文化起家的 Supreme、日本的潮牌品牌 Bape 等。这些潮牌服饰、球鞋代表的不仅仅是一种服饰，更是某种文化，这种文化恰恰是当下年轻人所需要的。

也许你会问：年轻人骑共享单车上下班、挤地铁吃自助，却可以花几千元甚至上万元买一双球鞋，花几千元买一件卫衣。为什么潮牌球鞋文化会如此盛行呢？

首先，潮牌球鞋文化是每个人的故事。现代人买衣服也好，卖衣服也罢,不再仅仅是买卖一件商品,更不是为了遮寒蔽体,而是将其价值转移到该商品所呈现的故事和情感,也就有了文化的归属。

虽然球鞋千篇一律,但是穿的人各不相同,球鞋和人们之间故事的价值要远超过球鞋本身的使用价值。球鞋陪着每天奋斗的年轻人度过了许多艰辛的、快乐的岁月,每一步、每一个脚印都有不同的含义,正是这些球鞋让他们变得独一无二。

以球鞋为主题的美剧《我为鞋狂》里男主说过这样一段经典的话:我知道你觉得这就是双球鞋而已,但它的意义远远不止于此。

这就是潮牌球鞋文化给年轻人带来的意义,它不输一栋房子,一辆车子。

其次,潮牌球鞋文化和三十多年来的流行文化息息相关。从 1980 年乔丹签约 Nike 推出第一代 AJ 至今,已经有三十多年了。从那一刻起,人们就已经形成了球鞋文化。

毫无疑问,球鞋是篮球文化的延伸,正是乔丹在赛场外将他的体育精神与商业价值完美地融合,才使全球无数年轻人为了一双 AJ 而疯狂。在无数男孩、女孩心中排名第一的漫画《灌篮高手》中,樱木花道和流川枫等人脚下的球鞋也成为大家追捧的对象,明星同款也有了某种不一样的独特意义,可见球鞋早已超越了其功能性,被赋予了更多意义。

潮牌融合了体育、音乐、时尚、潮流等附加价值,人们的情怀和内涵以及内心的认同感和共同话题汇聚成了球鞋文化,这也是当下年轻人最需要的东西。因此,球鞋文化得到了极大发展,从街头文化逐渐成为时尚潮流。

最后,潮牌球鞋也是表达自我的最直接方式。不得不说随着球鞋文化的盛行，热爱潮牌球鞋的群体越来越庞大，众多明星也加入其行列。各大运动鞋生产商在推出新球鞋的同时，也在通过这种方式增强球鞋的个性化色彩和文化内涵，比如耐克会推出球星签名限量版的定制球鞋以及一些品牌之间的跨界合作联名款等，这些都表现出潮牌的独特性和定制性。

在这个过程中，球鞋本身的使用属性在降低，而表达自我、追求个性化和多样性就成为用户的主要目标，这恰恰反映了人们对潮牌个性化的追求。

手办收集文化

提起手办，我们首先会想到盲盒，比如被万千少男少女推崇的泡泡玛特。花 59 元就能获得一个惊喜，人们买的并不是那个小小的摆件，而是拆盲盒时的那份心情。有人说，59 元可以买到一份纯真而独特的惊喜和快乐，很值！

当然，手办不只是盲盒，手办其实来源于日本，是基于一些动漫人物的原型做的一些树脂模型。大部分的正版手办都价格不菲，甚至在手办圈有这样一句话："宅男一面墙，北京一套房。"这足见现代年轻人对手办的喜爱！

当下年轻人到底有多喜欢手办呢？天猫电商平台为此还发布过一个"95 后玩家剁手力榜单"，在这份榜单中，"95 后"最烧钱的五大爱好里手办高居第一位，在手办方面的人均消费超过了 2000 元，甚至有消费者光在盲盒上就花费了近百万元。相关数据平台预测，到 2024 年，潮玩的市场规模将超过 1000 亿元。①

事实上，手办文化不仅是当下年轻人的专利。从古至今，人们拍卖古玩、花天价买名画名字等，这些都是收藏者们的行为。如此来看，我们就不难理解现在年轻人对手办的喜爱了。

基于兴趣爱好的手办文化正在席卷年轻人的圈子，手办可以带来的是什么呢？是陪伴、是温暖、是寄托、是个性、是爱好、是收藏……已经无法用任何一个词来简单形容人们对它的喜爱了。

不得不说，单身经济对手办的刺激是惊人的。随着"单身经济""孤独经济"的发展，人们发现，沉浸在小众圈层里面有一种魔力，在"二次元"的世界里，人们可以很快乐。

手办带来的是想象和情怀，是一种其他事物无法代表的精神寄托。

几乎大多数的手办爱好者都是日本动漫文化的"粉丝"。在日本漫画中，不同性格与审美的人群都能从中找到契合自身的作品。现代人不爱看书，却爱看漫画，人们总能在漫画的各色人物中找到让自己心动、仰慕和喜爱的角色。带着对这些虚拟人物的喜爱从而喜爱还原实物的模型也就是手办。

一个手办从制作到出厂其实是很繁杂的，制作精良的正版手办更是价格高昂。手办背后的 IP 带来的价值更高，尽管其价格不菲，人们还是会"剁手"购买，甚至有些学生将购买手办当成他们自我驱动、提高学习成绩的动力！

在如此盛行的文化下，各种创新的手办也在不断崛起，前面我们所说

---

① 《千亿潮玩帝国：95 后玩家每年平均购买 8 个》，大众网，2021 年 6 月 5 日。

的盲盒就是手办的一种创新。凭借拆盲盒的创意,泡泡玛特市值已经破千亿元,通过盲盒机制颠覆了人们对商业的想象,几十块钱的盲盒里,有着各种各样的小型手办,不仅拉低了手办价格,还给人们带来更多惊喜。不仅泡泡玛特,还有很多网红IP、影视剧人物等也都推出了手办。

随着"90后""00后"年轻一代的成长,他们除了经济独立之外,更追求审美和文化的觉醒,为了自己喜欢的人物模型手办买单已经成为他们的消费习惯,也成为生活中的一部分。

同时,"孤独经济"的发展也在不断驱动"二次元"等小众文化与主流文化融合,将自己的爱好分享给更多人,寻求认同,甚至还成为打开社交圈的钥匙,这也是手办文化不断盛行的重要原因。

啤酒精酿文化

什么是啤酒精酿文化?也许你会觉得喝啤酒有什么文化可言。事实上,啤酒文化起源很早。啤酒最早是从欧洲传入中国的,由于它口感清冽,酒体轻盈,所以成为人们休闲娱乐的最佳饮品。

在中国,啤酒文化给人的印象也特别深刻,比如青岛国际啤酒节,将啤酒打造成为一个时尚潮流的文化。啤酒、音乐、烧烤、海鲜、篝火……这些元素激发年轻人对啤酒的热爱。

过去有人说啤酒文化是另类的,也是独特的,但如今它已不再是人们谈之色变的东西了。啤酒已经成为当下年轻人喜爱的一种饮品,特别是精酿啤酒自身携带的独特气质,让它更具特色和个性。

为什么精酿啤酒会越来越受人们的喜爱呢？

随着经济的发展与物质生活的充实，越来越多的人追求有品质的生活，人们也愈加注重对个性化文化的追求。在这种大背景下，啤酒文化中精酿啤酒成为酒类消费的首选，人们追求的是那份精酿的口感。

精酿啤酒在制作上与工业啤酒有一定的差别。精酿啤酒的原料主要是麦芽、酵母、啤酒花和水，无其他人工合成的化学添加剂，而且大多数采用的是艾尔工艺，可以让酵母在桶顶发酵长达数十天的时间，同时发酵后也不会进行过滤及杀菌等处理，因而保留了啤酒原汁原味的醇厚口感。工业啤酒采用的一般是桶底发酵的拉格工艺，这种工艺的发酵时间为 7 天左右。比起工业啤酒，精酿啤酒需要花费的时间成本更高，也正因如此，精酿啤酒才在质量和口感上占据绝对的优势。

大多数喜爱精酿啤酒的人都是在喝了第一口精酿啤酒之后就爱上了这种味道。它直击灵魂、沁人心脾，不似工业啤酒如水一样寡淡无味。当你用心去品尝精酿啤酒的时候，你会发现，它给你带来的不仅仅是口感上的麦芽香和啤酒花的清苦，还能让你在瞬间领悟到精酿的价值所在，这是一种无法言语的情怀，但是你懂它！

因此，精酿啤酒更加精致，不像专属大排档的工业啤酒。精酿啤酒更适合一个人品味，或者三五好友的聚会，可见它不仅是好喝的啤酒，更代表一种精神、一种文化。

有些人说喝精酿啤酒是一种文艺的行为，但其实真正的精酿啤酒文化，自由才是它的灵魂。一杯精酿啤酒中蕴含了酿酒师丰富的想象力和自由自在的灵魂，搭配上精心的选配和独特的酿造工艺，这样一杯精酿带来的是无穷的美妙体验。

对于当下追求自我和个性的年轻人来说，一杯精酿啤酒似乎就是那把打开自身灵魂的钥匙，在品味之中释放它！所以品味精酿的乐趣，不仅仅在于酒体本身，更多时候是在体验酿酒师别具一格的想法。

当然了，品尝精酿啤酒也越来越成为一种兴趣爱好，甚至还有一些精酿啤酒圈子，因为精酿啤酒而互相认识。

比如丹麦，在过去近20年的时间里，精酿啤酒厂从无到有，到2022年已超过150家，甚至有些人开始在家酿啤酒，而家酿啤酒文化也成为精酿啤酒最大的推动力。[①]

除了精酿啤酒商家的涌现，还涌现了大量狂热的精酿啤酒迷。这些游走在世界各地的啤酒"粉丝"们，常常成群结队地找来各种稀奇古怪的啤酒聚众品评，然后在网上分享和记录这种啤酒生活，不亦乐乎。这也是更多年轻人的追求和选择！

耳机堡音文化

随着社会多元的发展，现在年轻人的生活可谓丰富多彩，由此诞生出许多新奇的文化，比如耳机文化。耳机不仅仅是用来听声音的，更改变了很多人的生活方式，也成为潮流时尚圈里不可缺少的一个单品。

戴上耳机，徜徉在一个人的音乐世界里是每个年轻人都能即刻拥有的自由。在地铁里、公交里、滑板公园里，我们经常看到"耳机族"，他们

---

①《发源于美国的精酿啤酒文化，为何被北欧人玩到极致？》，食品商务网，2019年7月23日。

时尚、热情、充满活力,具有新时代和新生活方式的独特标签。

与手办、球鞋一样,越来越多的年轻人花高昂的价钱去买一副耳机,因为这不仅是一种身份的象征,更是一种态度。

说起耳机,就不得不提传奇耳机品牌的 Beats,Beats 开创了将耳机与流行结合起来的先例。早在 20 世纪 70—80 年代,创始人之一 Jimmy Lovine 还是一个唱片制作人,当他结束每天的工作后,都会选择在车里继续听歌手的 Demo,最终获得完美的录音效果。基于此,Jimmy Lovine 与合伙人 Dr. Dre 创办了 Beats 耳机品牌。尽管后来被苹果以 30 亿美元的高价收购,但 Beats 依然是流行耳机文化的代表。

我们在搜索"Beats 明星"时,随之出现的是当下火热的欧美明星,比如 Justin Bieber、Eminem、Lady GAGA 等巨星,他们头戴 Beats 耳机的图片也被大多数年轻人所追逐。很显然,凭着它本身醒目的外观设计和强明星带货效应,Beats 已经成为最受年轻人喜爱的耳机"第一潮牌"。

智能手机的出现促进了 Beats 耳机的迅速发展。被苹果收购后,苹果的技术让 Beats 耳机在音质上更上一层楼。当然,苹果自身也推出了更简易的耳机 AirPods,为年轻人提供了更多的追求和选择。

耳机不仅体现了年轻人对音乐的音浪追求,更体现了年轻人的潮流态度。例如,2020 年 Beats 与"日本潮流教父"藤原浩和涂鸦艺术家 Futura 推出了三方联名,以及与 AMBUSH·主理人 Yoon Ahn 推出夜光特别版 PowerBeats,在时尚界惊艳一时。再比如,同样来自美国的高端品牌 Master & Dynamic 在 2020 年下半年与 BAPE 进行了跨界合作,耳机上出现了标志性的猿人头 logo 和迷彩图案,成为潮流人群争相购买的单品。

不仅如此,奢侈品品牌 LV 也步入耳机跨界的行列,LV 与 Master &

Dynamic 联合打造的 LV Horizon 耳机就是耳机奢侈品的代表。除了保证音质和降噪技术，在外观造型上更是尊贵奢华，彰显佩戴者的尊贵身份。

耳机不仅潮流、时尚，还是彰显科技的进步。很多数码科技迷们对这一点也要求很高，鉴于此，苹果成为第一家提出将健康传感器用在耳机中的公司。无独有偶，中国的华米科技也曾在 2020 年推出首款真无线运动心率耳机 Amazfit PowerBuds，搭载的是 PPG 心率传感器，佩戴此耳机能检测运动心率，并能实时语音播报心率，提醒心率过高等运动风险。显然，耳机已经成为科技的化身，更加迎合现代年轻人对科技感单品的追求。

口红色号文化

说起口红，女生与口红的故事三天三夜都讲不完！口红的品牌是什么？色号区分？光泽感？质感？女孩们聚在一起关于美的话题是永远聊不完的。说到这里，我们不禁要问，当你在消费一支口红时，你实际上是在消费什么呢？或者说这背后的意义是什么呢？

口红最独特的地方在于它的多样性，一个品牌可以推出无数的色号，例如亚光、雾面、滋润、金属等不同质地，而每一种新的色号都只是一个新的维度，背后又可以创造出更多的符号和意义，比如代表自由、浪漫、性感、诱惑等。因此，在口红界流行这样一句话：女孩，你拥有多少副面孔，就拥有多少支口红！

口红色号背后的意义捆绑了女孩子的钱袋，也绑住了她的心。当然，这离不开社交媒体在背后的推波助澜，社交媒体的宣传强化了这种联系，一旦人们逐渐接受了这种联系，那么流行色号背后的意义就形成了。

类似的例子有很多，例如，阿玛尼在2022年夏天推出了最新的权力系列口红，该口红主打女性力量崛起，分别有15个色号，比如果敢、控场、自在、个性、反叛等。我们以"控场#202棕红"为例看一下这个色号背后的含义。

在"女性力量崛起"这个大的含义下，"控场棕红"色号所代表的是掌控时髦、彰显气场的含义，适合那些大女性（如职场白领）出入高级场所用，让你出场即控场。因此，拥有这种独立个性的女性就会选择它来匹配自己气质，涂抹上也会有一种莫名的自信加身，可以自信地做"女王"！

无论是气场、女性力量还是浪漫温柔的爱情含义，每个口红色号背后一定是女性想要的追求和想表达的态度。

那么问题来了，这些口红背后的符号和意义是如何被制造出来的呢？

首先要完成的是物的"文本化"过程，让口红成为女性生活中想要得到的东西，这当然是通过各种媒介和广告来实现的，例如各大明星、博主、网红的"推波助澜"等。然后，就可以让口红这种特殊的"符号"与一些精神上的含义产生关联，通过操控"符号"，将口红色号的意义隐蔽地植入其中。

各大美妆博主和网红们，开始将口红打造成为某种内涵的文本，让口红这种商品成为"符号"的载体。这样，当人们购买口红时，就不再局限在对口红本身的使用价值所产生的需求，而是有了对口红色号背后含义的需求。

从心理学上看，现代社会里人们普遍在心理上空虚和精神上匮乏，匮乏就代表需求，而社交媒介试图用一种特殊的含义和"符号"来满足用户的这种需求。

商家正是深谙这种心理，于是向用户兜售口红时，不再只是对口红的质地、原料等进行强调，而是突出其背后的价值和内涵，甚至给用户一种暗示：你拥有了这个色号，就拥有了强大的气场！

因此，人们通过不断购买口红色号来满足不同的精神需求，而这也是现代社会中年轻女性对美妆购物的一种态度，更是社会多样化发展下的必然结果。

旧房改造文化

旧房改造是一个新型的词，也是当下很多年轻人选择做的事情。2022年夏天，微博上出现了这样一则热搜"杭州女孩把87平怪户型爆改成豪宅"，当时该话题有超过3亿阅读量。

话题里的这个杭州女孩花了50万元来改造房屋，改造完后无论是屋顶，还是地面，或者门，都极具个性化和辨识度，看起来像是独栋别墅或者某个艺术空间，羡煞好多人！

许多人不理解，为什么要花50万元来改造一个房子呢？更有许多家长觉得差不多能住就行了，为什么要改造呢？这位女孩的回答非常有态度："难得有一个空间，能完全实现自己的想法，按自己的喜好来折腾，这就是一种自由！"

是啊，没有什么比自由更有态度了！这就是"孤独经济"下年轻人的自由选择！可是为什么是房屋改造呢？为什么不是别的改造呢？答案很简单，因为房子是最能让人有安全感的地方，将其打造得舒适时尚，是很多年轻人的兴趣所在。

著名的时尚家居微博达人"黎贝卡的异想世界"主持的微博话题"100个中国女孩的家"在微博的热度也很高，阅读量近5亿。这里记录了100个和上述杭州女孩一样"爱折腾"的年轻人，她们会将旧房改造成自己理想的样子。住进有温度的家，成为每个年轻人的梦想。[1]

例如，该话题第一期是来自广州的女孩Cher。她从小在"西关大屋"长大，带着对老房子的情结，她花了200万元在老城区买下一套百年老宅，并用了两年时间对它进行改造，让它焕发新生。现在房子不仅保留了本地的岭南建筑特色，还融合了四种不同的设计风格，既有老房子的腔调，又具备了现代住宅宜居的特点，甚至实现了在粉色洗手间里站在阳光下沐浴的梦幻场景！

改造老房是很大的工程，从重做土建、自己挖化粪池、再到加固房屋结构……Cher觉得虽然过程辛苦，但很值得。她说："老房是城市记忆的一部分，经过改造它也可以很宜居，而不是只能空置着长野草。"

再比如有一位留学生，从国外留学归来后陆续用了8年时间来改造自己的房子，最终住进了有洒满阳光的客厅、可以露营的大露台的房子。

如今越来越多的女孩像她们这样开始动手改造旧房，这些年轻女孩也用实际行动向我们证明，住进梦想的房子并不难，开始去做就好了！

家是有情感和记忆的地方，家里的每个地方和东西都代表着主人的性

---

[1]《时尚博主黎贝卡：一个自带流量，又最能唤起你"时尚心理"的网红自媒体》，微信热文，2016年5月6日。

格和特点，所以看一个人的家几乎就能看到她的性格。

在时尚生活社交平台"小红书"中有很多用户在分享自己改造旧房的经验和视频，无论是自己买的房子还是租的房子，生活永远是自己的。他们有花2个月时间改造出租房的，也有花20万元改造阳台的，还有花几万元去郊区租平房院子进行改造的。

总之，他们将生活过成了自己想要的样子，可以下班回家之后窝在舒适的房子里做美食、刷剧、工作、撸猫，这种舒适惬意的理想生活大概就是年轻人对房屋改造无法拒绝的原因吧！

第十章
专属生活，一个人活成一个家庭

"孤独经济"的兴起，也从另一个角度映射出当代年轻人崇尚自由、渴望创造属于自己的"专属生活"且不被他人干扰的内心愿望。

单身人口和独居人口的增加，催生了"一人份""迷你款""自助式""单身粮"等新商品和服务的不断蔓延，并且已经全面涉及生活、工作和娱乐等各个方面。

过心瘾的"云吸服务"

"我是一个没法对任何生命负责的人,感谢'云吸'。"

这是一句自我认知的总结,也是现在"空巢青年"的无声呐喊。"空巢"就是独自生活,不仅意味着有些寂寞,还需要自己动手才能丰衣足食,所以很多人不是真的不能对生命负责,而是想负责也没有办法。比如想养一只"汪星人"或"喵星人",经常因忙于工作而无法陪伴它,猫狗也是生命,不是给口吃的、给口喝的就可以。

然而,"空巢青年"还希望能享受有宠物陪伴的生活,那怎么办呢?只要思想不滑坡,办法总比困难多。不得不佩服当代青年的思维能力,自动开发出"云吸服务",甚至还有了一句广为流传的"云吸族"口号:"一时吸宠一时爽。"

目前,各短视频平台上已出现大量以宠物为主要内容的账号,通过"云吸+周边"的宠物标签形式带来强大的传播效应,打造了众多备受市场欢迎的热点 IP,想尽办法圈住铲屎官们的心和钱。最初"云吸"青年们都还羞答答,聚众"吸吸猫""吸吸狗",红极一时的星巴克猫爪杯、麦当劳喵喵薯夹等"周边"都产生于此。如今,"云吸"青年们已经放飞了自我,"陆海空"三路萌宠大军都已沦为"快乐肥宅兽"。

任何事情成了规模都会被人为化地制定标准,那么"云吸"青年们想不想知道自己所处的阶段呢?下面是六道灵魂拷问(见表10—1)。Ready, Go!

表10—1 "云吸"等级表

题目	YES	NO
你是否"吸"过晒在朋友圈里——别人家的宠物？		
萌宠是否让你变身"点赞机"？（任何平台）		
你是否拥有十个以上萌宠表情包？		
你是否关注过三个以上萌宠博主？		
看一眼你的手机相册，前五十张会出现"它"吗？		
压力太大，"云吸"一下。说的正是你的生活？		

打分：0个YES——你是一个乱入局者；1—2个YES——轻度"云吸"青年；3—4个YES——标准"云吸"青年；5—6个YES——重度"云吸"青年。

题也做了，分也打了，其实哪一级都没关系，"吸吸宠"总是没坏处的。尤其是一个人生活的"空巢青年"，他们对于花钱或者花时间买陪伴这件事，从来不会吝啬。

接下来，看看当代"云吸"青年们到底在"吸"什么？关于猫猫狗狗就不说了，毕竟太普遍了，十个"云吸"，九个离不开"汪"和"喵"。咱们要说的是另类"吸"，就是不"吸"流行款。

1. 奶凶专业户——兔子

如果问人类为什么从古到今都戒不掉"吸兔兔"。真的不怪我们，兔子在胆小界是无敌的存在，俄语中甚至有"胆小如兔"的专属说法。胆子小，脾气还挺大，连发火都不会影响小兔子的可爱，露出兔牙不是为了吓唬你，而是为了萌住你，让你无计可施。

然而，好"吸"却并不好养，很多"云吸"青年都表示自己对养活一只活体兔的信心很低，所以还是看别人养吧！自己既过眼瘾也过心瘾，没压力，纯快乐。

2. 可怜代言者——羊羔

牛、羊、猪、狗都是很常见的动物,而人们总是给狗更多关注,却不注意猪、牛、羊,其实这些动物也都有可爱之处,尤其是在它们的幼小阶段。我自己对小羊羔的喜欢来自 1993 年播放的一部电影《海蒂》。小海蒂父母双亡,跟随姨妈生活,后被姨妈送到从未谋面的爷爷那里,她和爷爷的故事就开始于拯救一只小羊羔。那只小羊羔刚出生就被爷爷判了死刑,但倔强的海蒂没有放弃,抱着小羊羔在羊圈里睡了一夜,第二天小羊羔居然自己吃奶了。

很多早已 Get 到小羊魅力的人,都说这些家伙虽然看起来呆呆的,但真的太可爱了,如果不是条件所限,真想养一只。相比于柔若无骨般的小兔子,小羊好养多了,但城市生活是无法得偿此愿的,只能"云吸"了。

第一季《航拍中国》新疆集,一户人家转场,好多只羊跟着主人跋山涉水。那一幕出现时,弹幕上瞬间热闹起来,各种"云吸"青年表达着自己的羡慕之情。

3. 蠢萌第一强——猪猪

猪在常规印象里都是傻傻的、笨笨的、粉粉的,能吃、能喝、能睡。网友们对"云吸猪"的痴迷程度远超想象,知名博主"@全是猪"在微博的"粉丝"超过了 280 万,其微博都是各种粉色的小可爱。

是否该思考一下:想成名靠自己不一定行,养一头猪猪也许可以。

玩笑归玩笑,现实归现实,猪猪还是"云吸"更好。一开始都是小可爱,后来会越长越大……如果只是线上"云吸",你所吸的都是长不大的样子,所以真正"吸"的往往都是猪猪的某个年龄段。

除此以外,还有"吸鸭鸭""吸鹅鹅""吸仓鼠""吸鹦鹉",基本都不排除是弱小、可怜加无助。这些都属于软核"云吸",还有硬核"云吸",直接颠覆了萌宠的概念,如"吸鲨鲨""吸蛇蛇""吸蜥蜥",具体就不细说了。无论软核还是硬核,自己高兴就好。那么,你认为最强的是"吸"什么呢?

形成产业矩阵的"一人份"

吃饭是人类生存的必要活动,但吃饭不只包含"吃"这一项内容,还有"买""做"和"收拾"。吃饭是愉快的,做饭是麻烦的,特别是只有一个人时,点外卖或者去饭馆成了更加经济实惠的用餐方式。不要说如今的年轻人懒,一个人时,尤其是在工作累了一天以后,确实没有奏响锅碗瓢盆交响曲的心情。

在年轻群体正式接班成为主力后,衣食住行等基本生活方式已经发生巨大改变。美团外卖数据显示,"90后""00后"的订单数量占比总和达到七成以上,有超过60%的独居人群,每周最少点3次外卖。在美团外卖联合中国饭店协会、艾瑞集团共同发布的《2020外卖行业报告》[①]中,"90后"单人用餐的比例是65.4%,"00后"单人用餐的比例是73.7%(见图10—1)。

[①]《2020中国外卖行业趋势发布:"一人食"撑起千亿规模市场》,光明网,2020年6月28日。

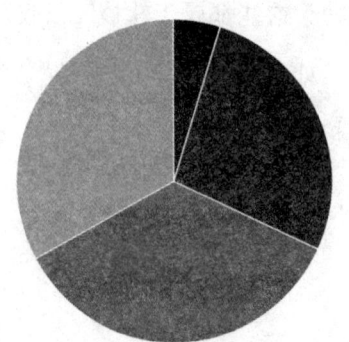

■ 完全没有　　　　　■ 极少，尽量避免独自进餐
■ 偶尔，主要集中在工作日　■ 经常，一人吃饭为主

图10—1　2021年中国单身群体饮食消费场景调查

一个人吃饭，既有被动的无奈，也有自主的省事。

一个人吃饭，不用征求他人意见，只点自己爱吃的。

一个人吃饭，只有自己与美食联结，专注品尝食物的味道。

一个人吃饭，既可以细嚼慢咽，也可以速战速决，要的就是这份自由。

一个人吃饭，最不希望的是与其他人产生不必要的交集，毕竟只是吃顿饭就离开了。

一个人就要有一个人的样子，一个人也要吃出仪式感。一些敏锐的商家率先嗅到商机，着力打造单人顾客群体需要的产品和服务。于是，"一人食"的形式出现了。精致惬意的小隔间，摆放一碗、一筷、一碟、一勺，在饭馆嘈杂的环境中，为单人顾客构建出一个半封闭或全封闭的用餐环境。不用狼吞虎咽，不用在意他人异样的眼光，好好吃饭、慢慢享用，每一个人都可以是孤独的美食家。

早前的"格子"拉面只流行于日本，当中国越来越多的年轻人也加入"孤独一族"的行列后，一人食的"格子"设计开始被运用于越来越多的中国餐厅。比如,从日本引进的一兰拉面店,从点餐方式到就餐隔间设置,均不需要与别的食客甚至是店员直接面对面,给单人食客带来不被打扰的安全感。

广州时尚天河的首家"单身狗"餐厅"一喜屋",不光有单人隔间,每个隔间内还配有平板,可以播放视频,可以独自快乐地享受美食。

创立于2016年的"拉面说",从创始之初就打出了"一个人也要好好吃饭"的情感招牌,一路过关斩将。"拉面说"联合创始人九一表示:在"一人食"场景下,一批新兴消费品牌能够兴起,背后正是由于"单身经济"崛起后,消费者渴望得到比外卖、传统方便面等速食产品更健康、美味、营养的产品。①

不仅是新餐饮品牌布局"一人食",一些老餐饮品牌同样不会放过这片新兴"蓝海"。已有20多年历史的韩式烤肉品牌权金城推出了"一人烤"门店,采用全新的品牌形象、装修风格和用餐场景,以此下探年轻人市场。

对于独居人士的关照,其实在多年以前就已经出现,只是彼时尚未成为商业风口,更像是零星商家的灵光乍现般的"情感慰问"。

比如,2007年就出现的自热米饭,虽口味一般,但关怀力十足;2015年兴起自热小火锅,终于照顾到口味了,也终于有能力开辟更多市场了。

2017年7月,火锅界大佬"海底捞"的供应商"颐海国际"进入自热小火锅市场。第二年,以自热小火锅为主的方便速食业务增长超六成,成为"颐海国际"仅次于火锅底料的第二大业务。

---

① 《[案例拆解系列]一年卖出2.5亿的新式速食面——拉面说》,腾讯网,2021年3月20日。

2018年1月，横空出世的"自嗨锅"，将自热火锅系列作为第一品类投入市场。上线天猫旗舰店，24小时便取得"单品销量全国第一"的成绩。

2020年底，伊利旗下品牌新食机推出了一款日式拉面新品——面白·日式叉烧豚骨面，瞄准好好吃饭的"一人食"场景，并力邀日本名古屋拉面大师作为产品顾问。

一些外国餐饮店也嗅到了中国"孤独"群体散发出的商机，积极加入提供"一人食"的商品和服务行列。

"孤独经济"的鼻祖——日本在这方面尤其擅长，连需要热闹气氛的烤肉都做成了单人独享版。Gusto烤肉店的每个席位都是半封闭的单人包厢，配备电源、餐具盒、调料瓶，并且不限时间，想待多久随客人自己，为单独吃饭的人留出最大的安全感。

荷兰的Eenmaal餐厅没有隔板，但每张小方桌只限一位客人，桌满即客满，且椅子的不同朝向避免了客人间的眼神直接接触，无须承受压力就可尽情享受专属佳肴。

"格子"拉面馆、"单身狗"小食、自热小火锅、独享小烤肉……这些商业场景的背后都有"孤独一族"的身影。"孤独经济"催生了一批新型餐厅，也使得一些传统餐饮企业为"一人前来"的客人作出改变，甚至某些餐厅还为单人食客送上用餐伙伴——一只玩具熊，眼神无辜、状态呆萌，无声陪伴着自己的临时主人慢慢用餐。

"一人食"为什么会流行？因为有需求才会有市场。从发展来看，"一人食"的赛道远不止于餐厅，嗅到商机的餐饮人迎着这股东风，将相同的模式落地到外卖渠道。据美团、饿了么的数据显示，"一人食"在外卖消费中趋势明显，不少商家均在外卖平台推出特制单人套餐。

以饿了么为例，搜索"一人食"，很多商家都推出了"一人食"标配，绝大部分都将招牌菜作为主菜，搭配不同的配菜、水果、小吃、饮料等，极大地提升了外卖"一人食"的品质感。

单人套餐的价格很亲民，普遍都在十几元至四十元。同时，还有一些有专属感的单人套餐和能反映店铺特色与营销特点的套餐，如女神单人套餐、超值单人套餐、童书单人套餐等。同样的价格都不贵，满足了一个人吃饭又便宜又好吃的基本需求。

"一人食"对于一个人来说是寂寞，但对于一群人来说，就是一种现象，并由这种现象衍生出了无所不在的热闹。正是被外卖"宠"坏的年轻群体和将外卖玩出新花样的商家、平台，联手打造了一个人"吃出"的巨型市场。

凡是市场都需要维护，用户的真心需要保护，商家要做的不应只是抓住商机"搭顺风车"，还应考虑如何在风口下深耕产品，真正抓住这一主力消费群体的心，进而实现对巨大潜力市场的完美挖掘与利用。

独乐主义的精致"迷你款"

古人云：独乐乐不如众乐乐。

在独乐主义者看来，不用分享的独乐乐才是真快乐。夏天最喜欢的，空调、Wi-Fi、大西瓜；冬天最惬意的，被窝、无线、暖宝宝。

如今的年轻人凭借一己之力拉动了"孤独经济"的列车，当然不会拒绝"一个人的快乐"及其带来的全新生活方式。只是独乐主义的"宅"不只手机配 Wi-Fi，也就是说，独乐主义不仅是在家中独自快乐，还要将"一个人的快乐"挥洒到外面，虽然是一个人，但该享受的，是一点儿不能差。

如果说游戏和直播是孤独群体宅在家的选项，那么，一众的"迷你款"和"自助式"就是他们的消费选项。本节重点讨论"迷你款"，下一节讨论"自助式"。

"迷你款"的最佳代表是"迷你KTV"，通常设置在购物中心、电影院的角落，形态类似电话亭。里边有遮光帘，隔音效果极好，为顾客提供了十足的安全感。两把高脚椅，两只麦克风，充分满足了不少人突然想高歌一曲的愿望，与孤独人群排解寂寞的需求不谋而合。对于商超来说，小小的亭子，不占地方，却能拉动其他业态的营业额增长。

相关数据显示，2022年"线下迷你KTV"市场投放量达到20万台。[①]为了抓住这尾"大鱼"，资本展开了抢滩登陆战。

"唱吧"投资的"麦颂"在三年之内扩张了400多家，在商场与机场的线下"迷你KTV"的数量累计超过2万台；[②]星糖"mini KTV"曾在成立的一年之内，先后完成了天使轮、A轮、A+轮、B轮，共四轮融资，除B轮融资未披露金额外，其余融资总金额为1500万美元，次年又完成第五

[①]《迷你KTV行业发展前景看好 解决运营问题拉动投资》，前瞻产业研究院，2018年11月6日。

[②]《K歌神器能不能送"唱吧们"一个好未来？》，新浪科技，2021年7月8日。

轮融资，走在了"迷你 KTV"的前列。①

当然，"迷你型"业态不仅存在于 KTV，所有能进行"迷你"设计的都可以介入。比如，最早在日本出现的为社恐人士专门设计的单人健身房，每人独享一个小隔间，里边有各种可供一人训练用的器械，隔间还根据人的不同力量分作各级别。锻炼者可一边看房间墙壁投影，一边做运动，怎一个"爽"字了得！

后来，单人"迷你健身房"逐渐被非社恐人士认可，因为很多人都希望能有一个专享空间专心训练。

现在，越来越多的人喜欢一个人或一个人加一只狗出游。汽车厂商们专门推出了长度小于 4000 毫米的小型 SUV 汽车，满足了喜欢独处的年轻人轻便出行的需求。

"迷你款"也渗入居家的方方面面，"迷你"小家电将"一个人的快乐"延伸到生活的每个角落。"迷你"小家电在新冠病毒感染期间成为市场新宠，随后一举占据消费者心理，如小容积电饭煲、小容积烤箱、迷你小冰箱、壁挂式迷你洗衣机等。

与常规家电相比，"迷你"家电完美解决了"量"的问题，功能和传统家电不相上下，但占地更小、方便摆放、颜值超高，受到了年轻单身一族的青睐。

综上所述，"迷你"业态既满足了消费者的使用需求，又避免了资源浪费、社交尴尬等现象，成为众多"孤独"消费者的首选。

---

① 《星糖 mini KTV 成立三个月获三轮融资 总金额 1500 万美元》，搜狐网，2017 年 7 月 20 日。

圈粉无数的"自助式"

"自助"这个词最早出现在餐饮业的"自助餐",每位顾客收取固定的费用,享受不固定的菜品。自助餐如今有僻于角落之感,已经不在很多人的印象中了,尤其是年轻的"Z世代"。在当年,在外请客自助餐即使不是绝对首选,也落不出前三选项,在任何一座城市都曾有过自助餐的辉煌。

随着网络科技的发展和国民生活水平的提高,可供选择的休闲活动越来越多,不知不觉间,"Z世代"唱响了"自助式"。

或许你有些蒙了,上一句还说"Z世代"或许都不知道自助餐了,怎么下一句又写"Z世代"唱响"自助式"了。其实,一点儿都不矛盾,此"自助"非彼"自助"。彼"自助"只停留于餐饮一行,此"自助"则在多个领域开花。比如,自助健身房、街头自助照相馆等就在当下圈粉无数。

先来说说自助健身房。

如今,越来越多的人开始注重锻炼身体,尤其是在新冠病毒感染开始后,增强体质成为人们的共识。有不少人都曾兴冲冲地办过健身卡,但练过几次之后呢?就不详问了!很多人健身坚持不下来的原因是工作忙,时间被切割得很碎,下班后很难做到固定的时间做固定的事,有时候自己下班晚,健身房都休息了,久而久之,就放弃了。还有一些人有"社恐",总是喜欢一个人做什么,但传统健身房为了服务至上,对客户关照得那叫一个"好",甚至还经常有推销课程的,即便不"社恐"的人也有些不舒服。

现在有了自助健身房,上述两个问题被完美解决了。时间碎片化严重的,不用担心健身房不等你,因为通常都是24小时营业的;"社恐"的朋友不用担心自己被照顾得太好,也不用担心有来卖课的,因为是"无人"的,想要健身的人通过手机软件扫码开门进入。2021年"十一"长假的最后一天,一位朋友想要通过健身来告别假期,就去了自助健身房。通过他发来的视频可以看到,健身房里的环境不错、器械很全、场地容量足够,大家相互间没有什么交流,默默咬牙坚持着。"自助健身房的理念真不错,完全适用于当代年轻人工作忙、时间碎片化的特点,自由度很高,任何时间都可以来和自己'较较劲'。"朋友一边锻炼,一边介绍说:"价格挺实惠的,可以选择周卡、月卡、季卡和年卡。"只是有一点不足,那就是自助健身房暂时还无法提供洗澡这项服务。还有一种"迷你式"的自助健身房,可以用"可爱"来形容,单人独间,是专门给"社恐族"和"初学者"提供的,不至于在他人面前不好意思。

再来说说自助照相馆。

照相馆是"Z世代"之前好几代人的记忆,到了必须要留作纪念的年龄或时刻,就要去照相馆。翻着老相册,一幕幕过往浮上心头。不得不说,老相片的记忆远比现在的数码照片深刻,那时候照相是比较奢侈的事情,不像现在是随手可得的事情。

现在的青年也不会满足于随手可得,他们要的不只是可以随时照相,还要随时照出靓照,自助照相馆就应运而生。

自助照相馆可以看作是照相馆的升级版,它被设置在一些场所中,接触容易并且价格不贵，没有摄影师，全程自助式。打破想要美照却不知道怎么和摄影师"有效沟通"的尴尬，弥补自己无法备足所有妆造道具的遗憾，需要时才"闪现"指导，还有大牌云集的化妆台……

欣赏美丽的照片固然好，但拍照的每一瞬间都可化作美好的回忆，才是其最大的魅力。只需要摆好POSS，按下遥控，轻轻松松Get大片的感觉。自助照相馆内是专门打造的实体无影墙，不同于一般幕布，弧形的墙面在光影配合下出片十分自然，和垂直墙面的折角影子说拜拜了！下面开启魅力之旅：

氧气感清纯风——最需要干净清爽的画面感，在无影墙下摆拍，展示自我！

高级感黑白风——纯色系服装超适合拍黑白写真，极简色彩搭配，效果又酷又高级！

氛围感日落风——日落黄昏的浪漫，通过日落灯在室内打造，结合无影墙，自然又出片！

抓心感呆萌风——带着"毛孩子"去拍照，永远留住它的可爱！

自助照相馆还出现了一个分支——自助证件照相亭。如果你在一些城市中看到类似银行自动提款机的"证照通"，或许也应该进去试试，这种便民自助照相亭是专门为大家拍摄证件照的。提到证件照，很多人都是一言难尽，明明平时拍照看着还不错的自己，怎么到了证件照这里，就成了看不下去的困难户了。越是希望照好，有时还越难以照好，和照相师也配合不到一起去。

"证照通"自助移动证件摄影亭集拍摄、照片处理、打印功能于一体，全程无人工干预，给了大家自主发挥的机会。正常情况下，20秒左右即可完成从原始图片的拍摄到打印证件照片全过程。

"自助式"经过最近几年的高速发展，已经覆盖了多个行业，给予消费者充分的自由选择权的同时，也让自身经营在不断考验下越发成熟。比如自助照相馆，有的不只提供照相功能，还提供化妆道具，有些化妆用品还很"豪横"：TF和CHANNEL口红、PERFECT DIARY眼影盘、NARS散粉都有，力求做到"和而不同"。可以想见，在不远的未来，自助式和共享经济将会更好地融合，且会出现更大范围的覆盖。

改变幸福逻辑的"单身粮"

麻省理工学院社会学教授雪莉·特克尔在《群体性孤独》[1]中指出，数字化的社交关系制造了这样一种幻觉：我们有人陪伴，却无须付出友谊。结果便是，我们因网络连接而同在，但是我们对彼此的期待削弱了，这让我们感到彻底的孤独。

正是这种个体感受到的彻底的孤独，催生出了"孤独经济"。人类毕竟是群居动物，有着或多或少的社交需要，我们需要一边享受个体独处的快乐，一边享受与他人交流、身处于集体中的安全感。

在此前提下，诞生了"单身粮"这样的网红品牌，消费者可以一边吃

---

[1] ［美］雪莉·特克尔：《群体性孤独》，周逵、刘菁荆译，浙江人民出版社2014年版。

着"单身粮",一边在"空巢"队伍中寻求慰藉。

无论是消费观念还是购买能力,拥有过亿体量的"单身+空巢"的"明日之子",显然是绝对的主力人群。当行业的目光聚焦这群孤独着的年轻人,品牌就容易脱颖而出。无论是老品牌还是新品牌,为了抓住时代的核心消费群,就必须要主动去发现他们谈论什么、喜欢什么、习惯什么、烦恼什么……

在很多追逐年轻化的品牌中,老干妈、旺仔、大白兔、故宫等老品牌均以一种"网红"的面貌引爆过社交话题讨论,品牌年轻化是近两年无法绕过的话题。

2018年,一款名为"单身粮"的薯片爆红网络,成为一众"单身狗"的灵魂寄托,让"单身文化"刷了一波存在感。作为首个定位为中国市场单身人群的社交零食品牌,"单身粮"围绕"单身、脱单、空巢"等主题推出了薯片、盘面、撩面等产品,还有豆干、麻花等零食,以及谷耐乳品,可谓做啥啥火,连续保持10倍以上年增长。依靠打造单身人群超级IP,做到了年营业额达2亿元。[1]

"单身粮"的品牌定位十分明确,即只做单身人群的生意,再精确一些就是只做"空巢单身"人群的生意。当你在商场出于好奇拿起这款商品时,或许会发现它不仅是份"单身粮",还配有扎心文案,直接撩动着你的情感。

时势造英雄。"单身狗"这个网络术语刚出现的几年是饱含辛酸感的,现如今更多是自我调侃了。越来越多的商家都已瞄准了"单身""空

---

[1]《网红品牌"单身粮"爆火背后:得年轻人者得天下!》,财经头条网,2020年5月18日。

巢""孤独"等新消费领域风口。

爆款炼成无偶然。"单身粮"的走红除了产品命名和包装上的成功，核心原因还在于产品本身携带的情感基因，一面迎合年轻人追求个性的特点，另一面催动年轻人的脱单欲望。现在的年轻人吃东西都让手机先"吃"，喜欢发朋友圈、晒抖音和小红书，"单身粮"从内涵到气质都满足了他们的高格调要求。

然而，单身消费者也好，孤独消费者也罢，不可能一直活在一种情怀里。"单身粮"虽然主打单身，也需要深入洞察这个群体的需求，挖掘他们不断变化的特定场景下的新痛点、新话题，最终输出具有理解单身人群态度和匹配"空巢青年"生活理念的新文化内容。比如推出的联名款，联合上海知名饮料品牌延中汽水推出的"颜值水"和"桃运水"等；联合雪碧，推出了"罐装雪碧+拌面"的创新组合——"雪碧拌面"。

凭借"单身"持续的话题标签，自带流量自生长，"单身粮"既受到年轻族群的热烈响应，又得到了资本界的追捧。2018年9月至2020年9月，"单身粮"接连获得四轮融资，入局的资本包括楷荣投资、琢石资本、同创伟业、辰海资本及白象食品。

2020年1月，"单身粮"完成A+轮融资，自然人杨冬云投资数千万元，加入"单身粮"并出任董事长。在接受《新商业情报NBT》采访时杨冬云说："去年（与白象）的合作是一个种子，现在这颗种子进一步长大，长成一棵树。"①

虽然有庞大且消费力极强的单身群体压阵，"单身粮"也不敢掉以轻

---

① 《融资首发：获数千万元战略投资，"单身粮"打造单身生活方式品牌》，新浪网，2020年9月3日。

心，在选择融资与合作对象时是非常谨慎且有远见的。方便速食是竞争非常激烈的行业，白象集团作为方便面四大品牌之一，在研发能力、渠道能力方面有多年沉淀和基础，这是其拥有的巨大优势。此外，传统方便面企业没能跟上消费升级的步伐，线上营销能力较弱，更缺乏结合新生理念的能力和经验，在这一点上"单身粮"具有极强的优势。白象正是看到了"单身粮"在新速食行业的优势，"单身粮"也相中了白象在传统速食行业的积淀，这样就促成了双方的深度合作。

两者的合作方式是，"单身粮"通过对年轻消费群体的洞察提出创意，并利用各大平台数据验证想法，白象的研发团队基于可实现的能力进行反馈，双方互动形成最终的产品。

单身人群、"空巢人群"和年轻群体有很大的共同点，具有崇尚精致化、个人化的消费观，并且渴望通过物有所值的消费来提升自己的幸福感。如今，随着新速食的快速发展，消费者对于速食领域方便面一家独大的局限性认识早已被打破。"单身粮"对于未来新速食的发展方向有两类判断，一类是地方特色美食的工业化，如西北牛肉拉面、重庆小面等，原本只出现在餐馆里，现在稍微加工一下就能实现速食；另一类是方便面的消费升级，年轻人愿意付更高的价格买到更丰富、更营养、更真材实料的面，可能在不远的某一天，那些曾经只能是"仅供参考"的方便面广告视频就会成为现实。

既然主打年轻的单身人群和"空巢青年"的主意，就要在他们喜欢的事情上多做文章。直播带货是"单身粮"不容错过的领域，直播既有品牌宣传，也有直接销售的推广方式，对于更利于垂直下探的"单身粮"是非常好的销售方式。而在推动与二次元、嘻哈、街舞、游戏等领域的联合内容运营方面，"单身粮"同样给力，比如在2020年七夕与SOUL共同推出的"模拟情侣吵架"活动，通过对第一名奖励一年免费"单身粮"产品的形式，促使用户主动进行二次消费。

现在市面上大多是"品类属性品牌"，占据一个细分的品类。杨冬云对"单身粮"的定位是以人群为划分的品牌，未来也将围绕"单身"和"空巢"人群生活的方方面面进行布局，是个"天花板特别高的新方向"。总之，走在时代风口的"单身粮"看到了一种新消费的重构方式：消费者不仅仅是购买了一种产品，产品本身所附着的内容、情感、精神也是十分重要的，也就是说，从原本的以商品为中心转变为越来越以人为中心。

打通品效闭环后的"低频产品"

《百年孤独》中有一句名言：生命从来不曾离开过孤独而独立存在，生命的一隅始终有你形单影只的痕迹。

描述当今的商业语境就不需要如此文绉绉了，一句大白话即可：你的孤独，已经是别人的生意了。几年前就听到过一个说法："孤独经济"正在创造一个3万亿规模的庞大市场。这不是空穴来风，而是有实实在在的数据作依据。民政部发布的《2018年民政事业发展统计公报》显示，中国有超过2亿单身成年人，其中有超过7700万独居成年人。[①]计算题来了：

[①] 柳姗姗、彭冰：《中国单身成年人超过2亿"孤独经济"方兴未艾》，《工人日报》2019年9月10日。

哪怕只取其中一半作为市场基数，估测月人均消费3000元，这个市场将超过3万亿体量。

然而，"孤独经济"更多地将目光投在高频产品上，低频商品能否在巨大的市场体量下分一杯羹呢？

所谓低频产品，可以解释为高价格低频次的产品。低频产品在用户的生活周期内出现的概率较低，甚至很低；而高频产品在用户的生活周期内出现的概率较高，甚至经常出现。低频产品与高频产品对于用户的影响存在很大不同。

高频次的产品对消费者能起到安慰的作用，而低频次的产品对消费者只能起到治愈的作用。这种对比在生活中非常常见，比如薯片可能每天都会买来吃，但也只是过过嘴瘾就罢了，不会有人吃了薯片后，还会各种回味、回想吃的感觉、惦记着下一次再买；而买辆车的感觉就完全不同了，通常几年甚至十几年都不会考虑换车，而且新车买来后，内心的那种欣喜是难以形容的，一想到买车了就会笑开花，这次开完，就惦记着下次再开。因此，薯片给人的感觉是短暂安慰，而车给人的感觉是长效治愈。

低频次产品虽然给人的兴奋度要长，但因为购买发生的频率太低，消费者与产品之间好像很难形成长期联系，有种"一锤子买卖的感觉"。高频产品则完全不同，消费者一次购买后，很快就会第二次、第三次……第N次购买。

在口碑大过天的当下，尤其是互联网时代，产品做得好，服务进行得好，可能没人关注，但只要产品或服务差了，消息就会立即传播开。因此，一些低频产品的生产者和营销者都很头疼，怎样才能让高价格低频次的产品与用户之间形成品效闭环，让低频产品在消费者心中始终占据一席之地呢？

下面就来说说高价格低频次产品的私域打法。我们以婚纱摄影产品为例，建立流量池之后，需要针对不同人群，做精准内容输出。比如针对未婚男女，输出精美写真、婚纱摄影等作品；针对已婚用户，输出宝宝照、全家福等产品；针对老年用户，输出生活留念、子孙照等产品。从而，建立产品价值，潜移默化输出产品内容，当客户有摄影需求时，如果潜在思考的第一瞬间会想到你，那么你就接近成功转化了。

第十一章
科技无限，元宇宙时代来临了

人工智能和虚拟现实等技术的产品化，为独居个体带来虚拟的社会生活感。元宇宙则是超越现实的虚拟世界，人们可以在其中进行学习、工作、创造、娱乐、社交、交易等各种活动，被称为继PC互联网、移动互联网之后的"下一代互联网"。

元宇宙是整合多种新技术而产生的新型虚实相融的互联网应用和社会形态，"孤独经济"正好契合这种虚实相融的社会形态，两者碰撞结合是必然的，也是火花四溅的。

智能 AI——家变得更"聪明"了

二十多年前，比尔·盖茨作为世界首富获得了极高的知名度，同时让人们知道的还有他那个被视为"未来生活的典范"的智能豪宅。

比尔·盖茨下班回家途中便可在车内利用计算机遥控家中的电子设备，比如：

浴缸自动注入适当温度的水等待主人归来；房子里的计算机感应器能随时按照主人（或访客）的喜好调校室内温度、灯光、音响和电视系统；花园中的植物被装上了传感设备，实现了无人工操作的自动化浇水；厨卫是全智能化，烹调设备是全自动的，卫生间安装了智能体检系统；24小时待命的智能会议室随时接通网络，召开视频会议；访客通过一枚胸针形智能设备，提前设定自己对所处环境的个人偏好。

最奢侈的是通过24小时监视系统对一棵140多岁的老枫树进行全方位护理，监视系统发现树木有缺水迹象，就会随时释放适当的水量。最令人惊叹的是饲养着鲸鲨的水族馆，维护全靠智能系统，无须人力干预。

1990年，微软公司联合创始人比尔·盖茨在美国西雅图的华盛顿湖畔开始建造他的私人豪宅。这座占地6.6万平方英尺的豪宅，比尔·盖茨给它取了一个颇为大气的名字：未来之屋。

在当时看来这所豪宅的确太过"未来"了,已经不是完全意义上的豪宅了,更像是科幻片里的场景。全屋架设的智能系统,虽然在物联网、5G 和 AI 技术飞速发展的当下,智能家居早已不是什么新鲜词,但在 20 多年前连智能手机都还没普及的年代,这所豪宅的"智能"足以令人叹为观止!

1995 年,比尔·盖茨在其所著的《未来之路》[①]中描述对未来智能化家居时代的畅想:在不远的未来,没有智能家居系统的住宅,会像不能上网的房子一样不合潮流。正如他所说,在 21 世纪的今天,智能家居系统已经逐渐进入普通老百姓的生活,令"心想即到,一触即达"的智慧生活变得触手可及。

智能家居是一个让家变得智能可控的系统。家中的电器、灯具、锁具等所有智能的东西,都可以通过无线网络连接起来,进行集中控制。家好像变成一个整体性"机器人",只要打开手机中的一个 App,就可以遥控指挥它。比如让它自己开灯关灯、开门锁门、收放窗帘、播放音乐、开关空调等。

那么,智能家居系统是如何实现这些功能的呢?

由一个无线路由器接入各个设备,安装上具体的智能组件,这些组件通过不同功能的组合形成不同的系统,比如安防系统、视频监控系统、指纹锁控制系统、远程控制系统、智能灯光系统、智能娱乐系统、智能窗帘系统等。

安防系统由家庭报警器、各类传感器和传输缆线组成。各类传感器对家庭重要地点和区域布防,既可以享受安全、舒适的生活环境,又不会有

---

① [美]比尔·盖茨:《未来之路》,北京大学出版社 1995 年版。

牢笼的感觉。

监控系统通过移动式视频监控摄像机和智能手机/计算机，对家中情况实时远程监控和录像，方便查看家中老人、小孩的状况，以保障居家安全。通过各种探测器实现监控录像和远程报警。

指纹锁是计算机信息技术、电子技术、机械技术的完美结晶。通过人体各自不同的指纹特性来识别身份，具有方便、快速、精确、安全性强等特点。

远程控制系统是通过远程控制技术对居家的情况进行远程控制。比如下班前提前运行取暖设备，回家前烧好洗澡水或自动开窗通风等，安全性、舒适性和节约性都不耽误。

其余关于智能灯光系统、智能娱乐系统、智能窗帘系统就不一一解释了。随着智能AI的不断发展，智能家居的范围在快速扩大，一些现在看起来还很梦幻的想法，在不远的将来都会成为现实。拥有像比尔·盖茨的未来之屋那样的全智能化家居已经不再是幻想了。

总之，在当下通过搭建服务器平台和专用的远程控制应用软件，就可以实现远程网上监视住宅、控制家居设备的智能生活。从前独居人士回到家会觉得孤单，如今家变得智能了，能和智能家居展开"互动"了，独居人士回到家也不会有很强烈的孤独感，因为智能家居都在兢兢业业地陪伴自己、照顾自己。

虚拟社区——沉浸式虚拟社交

2021年11月，国内知名的红人新经济企业天下秀数字科技集团研发的 3D 虚拟生活社区产品 Honnverse 虹宇宙测试版上线，成为国内元宇宙的先锋产品。

天下秀董事长李檬认为："从 2G 技术基础下的社交 1.0 文字时代，到 3G 技术推动的社交 2.0 图文时代，再到 4G、大数据和云计算推动下的社交 3.0 短视频时代，互联网用户拥有了以'粉丝'数为衡量标准的社交资产，内容创作者的商业模式也由广告营销主导兼容了直播分销。如今，随着 5G 普及以及区块链技术的加速应用，我们正在跑步迈入社交 4.0 时代，即沉浸式虚拟社交时代。"①

随着计算机和通信技术的发展，传统社区打破了时间和空间上的限制，由线下向线上转移。虚拟社区是产生于持续的情感互动中的社会关系网络，兼具虚拟网络社区和现实传统社区的特征。成员被社区激发，从而产生对社区的兴趣和归属感，最终融入社区。

虹宇宙是一款基于区块链技术的 3D 虚拟社交产品，该产品一经推出就异常火爆，产品推出两周，预约测试人数已超过 13 万人。

虚拟社区作为前沿性产品，具有一些更具特性的要求。

1. 界面质量

用户对虚拟社区的要求不仅限于系统操作性，还包括对便捷性和美观的要求。界面作为用户参与社区活动的最直接场景，带给用户非常强的直观感受，质量直接影响用户对社区的评价。为用户提供高质量的社区界面，既能有效节约用户的时间和精力成本，还能增强用户的舒适度，培养用户的归属感。

---

① 《天下秀 11 周年李檬公开信：虹宇宙会是通往下一代互联网的门票》，齐鲁壹点，2021 年 11 月 18 日。

2. 感知价值

社区融入是用户从了解社区到加入社区最后融入社区的连续过程，从心理层面上描述了用户对社区的主观感受。社区融入对用户的感知价值有极大影响，用户通过参与虚拟社区的活动，享受社区服务带来的功能性、社会性、娱乐性和情感价值等，从而获得更高的感知价值。在社区内归属感较高的用户会自发地影响其他用户，而用户一旦将自己当作社区的一分子，就会越来越容易受到社区中其他用户的影响。

3. 虚拟共存

虚拟共存是个体成员在社区中对其他成员的感知程度，表现为虚拟社区的互动性、生动性和即时性，用户通过互动交流建立起与其他用户的情感联系，提高对社区的好感，同时获得参与的乐趣。

通过研究虚拟社区用户之间的互动对忠诚度的影响发现，用户间的人际互动对用户感知价值有显著的正向影响，这表明用户在虚拟社区中的社交行为可以提升用户的功能价值、社会价值、娱乐价值和情感价值。

具有较高归属感的用户对社区有更高的关注度，并且更愿意长时间使用社区，同时会自发地影响其他成员，共同形成对社区的情感认同。

在虚拟社区，你可以通过与其他用户进行互动交流，结识新朋友，消除孤独感，社区则为用户提供更便捷高效的互动环境。

无人零售——24小时全经济

随着移动支付的普及，新零售成为未来不可逆转的发展趋势，智慧的无人零售店将迎来大发展。无人零售是现今传统实体经济转型升级的首选，也是线上经济向线下发展的第一选择。无接触式的形式打破以往的消费习惯，重构了消费场景，"无人"看似有点儿"内卷"，其影响无疑是巨大的。

对于战略创新、战略转型、战略联盟有着深刻研究的曾鸣博士说过，未来无人售货机会变成一个在特定场景下百米内触达用户的Mini超市，利用"智能硬件+IOT"的优势与用户交互，完成一次"云+端"的重构，有点像"iPhone+App"的大爆炸。这是一个非常让人期待的未来！

在没有营业员、收银员和其他店铺工作人员的情况下，消费者自助完成进店、挑选、购买、支付等全部购物活动的零售形态。无人零售的特点如下：

多场景：全时段营业，即24小时不间断地全面覆盖各类生活及工作场景，缩短了与消费者的距离，精准触达，场景包括社区、地铁站、公交站、办公室、商业区等。

大数据：集合客流数据、商品数据、消费数据、金融数据等各方面数据，分析并应用于实体经营。

重体验：通过技术手段对传统零售升级改造，实现门店无须排队，无人推销干扰，自行挑选和自行结算。

提效率：通过数据的结构化应用，达到提升坪效（每平方米的效益，即每平方米面积可以产出多少营业额）、生产供应链条优化，实现了信息、资金、货品的高效流通。

降成本：无人零售减少了零售门店收银员、导购员的工资成本以及店长培训费用，也不用承担服务成本。

这和2016年亚马逊首推无人便利店Amazon Go概念不无关系，国内电商和零售企业迅速将目光转向无人零售。

"24小时营业、没有收银员、扫码开门、自主选购、结算支付、解锁出门。"这是一位经常光顾无人零售店的顾客的综合性评语,话虽简短但概括了无人零售的优势。

没人看管,也不怕丢东西。从顾客一进门,门就会自动关闭,只有检测之后才会打开。门口设置了防盗系统,携带未付款的商品出门会发出警报声;没有购物不会被关在里面出不去,系统会自动检测顾客没有携带商品后,自动开锁。

无人零售店会根据大小、空间和需要,安装了若干个摄像头。在完成支付后,如果顾客遇到任何问题,收银台旁边有一个呼叫按钮,可以与工作人员联系。为了防止因突然停电导致顾客无法购物和出门的状况发生,无人便利店还配有后备电源,且断电后警报会响起,工作人员会第一时间到场服务,这是一套比较完整的无人零售商店/便利店的运作模式。随着科技的发展,未来还会不断增加更加人性化、便利化的功能。对于独居人士来说,24小时全经济解决了他们可能随时随地都需要购物的需要,毕竟一个人生活会有一些顾及不到的地方,而对无人零售光顾最多的是年轻群体中的"空巢青年",这是他们的大后方。

"虚拟数字人"——得单身者得市场

电影《Her》中,人工智能操作系统萨曼莎向孤独的男主角西奥多提供情感慰藉,双方在虚拟环境的交流中产生了真情实感。这种曾经在科幻片中才会出现的场景,如今正在由电影场景变成现实。

萨蔓莎这样具有人的外形的人工智能操作系统,如今被称为"虚拟数字人",属于人工智能产物。虽然现在的"虚拟数字人"还是虚拟状态的,不能以实体性质真正进入人类生活,但随着科技的人工智能的迅速发展,"虚拟数字人"中的"数字"很可能被去掉,成为可以在现实中看得见(或许摸不着/或许摸得着)的"虚拟人"。

2021年6月15日,清华大学计算机系举行"华智冰"成果发布会,同时也是"入学会","华智冰"被称为清华大学首个原创"虚拟学生"。与一般的"虚拟数字人"不同,"华智冰"拥有持续学习的能力,也就是可以逐渐"长大"。不断"学习"数据中隐含的模式,包括文本、视觉、图像、视频等,就像人类能够不断从身边经历的事情中学习行为模式一样。随着时间的推移,"华智冰"根据新场景学到的新能力,将有机地融入自己的模型中,从而变得越来越聪明。①

2022年1月,尚美生活发布酒店行业首个"虚拟数字人";4月,云南发布研发全链条自主可控的"虚拟数字人——云诗洋",未来将用于云南公益宣传、品牌传播和文旅推介、乡村振兴、生态文明等业务场景;②同月,互联网周刊发布《2021虚拟数字人企业排名TOP50》榜单,百度凭借央视"虚拟主播"和冬奥手语"数字人主播",排名中国"数字人"产业综合实力第一位,阿里巴巴、洛天依的制作公司天矢禾念分列二、三位。③

虽然"虚拟数字人"的核心技术仍在突破阶段,但具有实力的AI企

---

① 《计算机系举行"华智冰"成果发布会》,清华大学计算机科学与技术系网站,2021年6月16日。
② 《尚美生活发布元宇宙虚拟数字人"尚小美"领跑酒店虚拟世界》,环球新闻,2022年1月11日。
③ 《虚拟数字人企业排名出炉 专家:两年内数字人制作成本有望从百万级降到万元》,封面新闻,2022年4月22日。

业早已开始发力，在本领域已经做出了相当的成绩。

以科大讯飞自主研发的"AI虚拟人多模态交互服务解决方案"为例，该方案是面向金融、公共交通、政务、运营商、旅游、新零售等行业，运用科大讯飞最新的AI虚拟形象技术，结合语音识别、语义理解、语音合成、图像处理、口唇驱动、虚拟形象驱动及虚拟人合成等AI核心技术。通过SDK、API等服务接入，在手机App、大屏一体机等终端进行展现，旨在为特定行业客户提供互动交流、业务办理、问题咨询、服务导览，实现虚拟人与真人的"面对面"实时交互，是解决用户实际业务问题的创新性、智能化的产品解决方案，进而达到提高服务效率、提升服务体验、规范服务流程、降低人力综合成本的综合性目的。

科大讯飞的讯飞开放平台上，目前提供"虚拟人"定制业务，分为"2D真人定制"和"3D卡通定制"。

虚拟人定制方案的构成分为六项：

（1）虚拟人形象：支持2D真人形象，可为客户定制专有1P形象。

（2）形象声音：有海量语音库可供选择，为形象定制专属个性化语音库，根据客户对音色、风格的需求灵活定制。

（3）接入终端：根据客户实际应用场景，提供SDK、AP等接入方式，满足手机App、大屏一体机等多终端体验。

（4）交互服务：语音识别、语义理解、语音合成、形象驱动、视频渲染服务等全链路保障。

（5）全知识库：具有丰富的技能和问答知识储备，可针对客户的业务领域灵活定制。

（6）服务部署：采用公有云、私有云的部署方案，根据客户需求灵活选择,保障交互服务安全稳定。

虚拟人定制方案的特点也有六项:

(1)形象逼真:口唇精准、交互画面流畅、语音自然清晰、体验佳、亲和感强。

(2)低延迟率:实时沟通延时短,问后即答,真实还原"面对面"实时对话场景。

(3)多样接入:提供服务端、本地端接入,支持云端、私有化部署,匹配多服务场景。

(4)随时打断:真人式对话体验,交互过程中可随时打断,对话时机零等待。

(5)肢体动作:根据文本内容插入指向性动作,过渡自然,形象交互丰富、灵活。

(6)一站式服务:提供 AI 虚拟人全链路 AI 技术、形象服务等,接入便捷,使用省心。

通过上述介绍可以发现,虽然 AI 虚拟数字人技术在目前仍属全力开拓阶段,但在不久的未来我们就有机会体会到电影中的场景。那些在红尘俗世中独孤自处的人,或许就可以有一个通情达理、友善通达、博学多才、见多识广的"数字人"朋友相伴。

AR——增强现实,让计算机为现实世界"加料"

AR 全称 Augmented Reality,即增强现实,是一种将真实世界信息和虚拟世界信息"无缝"集成的新技术，或者是通过计算机系统提供的信息增加用户对现实世界感知的技术。具体原理是，将计算机生成的虚拟物体、场景或系统提示信息叠加到真实场景中，把原本在现实世界的一定空间范围内难以体验到的实体信息叠加生成 3D 内容，从而实现对现实的"增强"，达到超越现实的感官体验。简而言之，就是将虚拟内容"照射"进现实世界之中，使原本平面的内容"活起来"，变得更加立体，加强了视觉效果。

AR 技术的常见应用是利用手机摄像头扫描现实世界的物体，通过图像识别技术在手机上显示相对应的图片、音频、视频、3D 模型等。

区分 AR 技术通常不是按照应用，而是按照原理，分为基于标记、基于地理位置服务、基于投影和基于场景理解四种。

1. 基于标记的增强现实

标记一般使用提前定义好的图案，通过手机、平板电脑的摄像头进行识别，识别后会自动触发预设好的虚拟物体在屏幕上呈现。

最早的图案会选择识别技术非常成熟的二维码来触发 AR，但因为二维码的视觉体验较差，如今商业应用都基于特定标记图像来触发 AR。

2. 基于地理位置服务（LBS）的增强现实

一般使用嵌入在智能设备（如手机、平板电脑）中的 GPS、电子罗盘、加速度计等传感器来提供位置数据。最常用于地图类应用，比如打开手机开启摄像头对着街道拍照，屏幕上可以显示附近的商家名称、评价信息等。

在旅行过程中，打开手机透过摄像头看旅途上的风景时，AR 技术会在画面上标注路标、注解、箭头等，或许还会出现一只可爱的卡通动物蹲在路边。VR 技术可以让人实现视觉"穿越"，看到"远方的景色"。

3. 基于投影的增强现实

直接将信息投影到真实物体的表面来呈现，比如将手机的拨号键投影到手上，通过按手上的投影键实现隔空打电话，还可用于汽车前挡风玻璃的 HUD，直接将汽车行驶的速度、油耗、发动机转速、导航等信息全屏或分屏投影到前挡风玻璃（在需要时呈现，不需要时不会呈现）上，帮助司机更便捷、更全面感知车况路况，从而提高驾驶安全性。

4. 基于场景理解的增强现实

这是目前使用最广、最有前景的 AR 展现形式。其中，物体识别和场景理解直接关系呈现效果的真实感。

2016 年，日本任天堂公司使用 AR 技术推出 Pokemon Go 手游，玩家通过手机屏幕在现实环境里发现精灵，然后进行捕捉或者战斗。比如玩家面前是一片真实的草地，肉眼看就只有草地，但透过手机屏幕就能看见有一只小精灵在草地上。[1]

2018 年，美国陆军一次性采购了 10 万台 AR 眼镜用于训练。在 TAR 作战辅助系统的支持下，戴上 AR 眼镜的士兵眼前就能浮现出地形图，还标注着队友和敌方的位置、距离等信息。士兵可以通过对所在地形和地理位置以及队友和地方选择最优突击路线，从而提升单兵作战和团队协作能力。[2]

---

[1]《AR VR MR 到底有啥区别？》，个人图书馆，2021 年 11 月 6 日。

[2]《讲武谈兵：美军采购十万部微软 AR 眼镜："人人都是钢铁侠"》，澎湃新闻，2018 年 12 月 26 日。

VR——虚拟现实，从现实中完全抽离

《头号玩家》是大导演斯皮尔伯格奉献给观众的精良之作。该片讲述了一个在现实生活中无所寄托、沉迷游戏的大男孩，凭着对虚拟游戏设计者的深入剖析，历经磨难，找到了隐藏在关卡里的三把钥匙，成功通关游戏，并且收获了网恋女友的故事。

影片整体评价很高，剧情有一部分功劳，而最让观影者赞叹的是影片中的 VR 游戏，人们只要戴上 VR 设备，就可以进入与现实形成强烈反差的虚拟世界——影片中称为"绿洲"。"绿洲"中有繁华的都市，形象各异、光彩照人的玩家，不同"次元"的影视游戏中的经典角色在这里齐聚。即便在现实世界中是个挣扎在社会边缘的失败者，在"绿洲"里也可以成为超级英雄，再遥远的梦想都变得触手可及。

对影片的介绍就到此为止，本书不是影评传记，只是希望借助电影让大家更容易了解什么是 VR。

VR 全称 Virtual Reality，即虚拟现实，又称"灵境技术"，具有沉浸性、交互性和构想性特征。VR 技术集合了计算机图形学、电子信息、仿真技术、多媒体技术、人工智能技术、计算机网络技术、并行处理技术和多传感器技术等多种高精尖技术，模拟人的视觉、听觉、触觉等感觉器官功能，使人恍若身临其境，沉浸在计算机生成的三维虚拟世界中。使用者在这个虚拟世界中，可以及时、没有限制地观察三度空间内的事物，并能

通过语言、手势等实时交流，增强进入感和沉浸感。

通过 VR 技术，使用者在感受如同真实世界般逼真的虚拟世界的同时，就等于突破了时空等条件的限制，进入了奇妙的虚拟世界中。然而，所有与使用者形成交互的虚拟世界的东西——即使用者看到的虚拟世界的所有东西都是计算机生成的，都是假的。简单来说，VR 是一种可以创建和体验虚拟世界的计算机仿真系统，用计算机模拟出虚拟环境，带给人三维立体的沉浸感，使用者只需戴上一副成像设备和感应设备，便可畅游在虚拟的场景中。

VR 技术的应用十分广泛，比如宇航员利用 VR 仿真技术进行训练、建筑师将图纸制作成三维虚拟建筑物、房地产商让客户身临其境参观房屋、娱乐业制作的虚拟舞台场景等。一些大城市已经有了 VR 体验馆，VR 游戏也火爆起来，VR 设备在一些网购平台上也有销售。

目前，对 VR 技术应用最广泛的是在军事上，主要体现在构建虚拟战场环境、单兵模拟训练、网络化作战训练、军事指挥人员训练等。军人戴着 VR 头盔和感应设备，就仿佛置身于一个高度真实的战场环境中，既能锤炼实战环境下的作战能力，又在很大程度上节省了训练成本。

无论是民间运用，还是军工航天应用，VR 设备都能让使用者看到与现实截然不同的虚拟世界，并在那里完成自己的使命。

参考文献

[1] 余光中、林清玄、白先勇等：《孤独是生命的礼物》，长江文艺出版社 2017 年版。

[2] 蒋勋：《孤独六讲》，长江文艺出版社 2017 年版。

[3] [美] 阿尔弗雷德·阿德勒：《走出孤独：阿德勒孤独十五讲》，胡慎之译，天地出版社 2019 年版。

[4] [德] 叔本华：《一切都在孤独里成全：叔本华的人生智慧》，李东旭 编译，古吴轩出版社 2018 年版。

[5] 季羡林：《孤独到深处》，古吴轩出版社 2020 年版。

[6] [挪威] 拉斯·弗雷德里克·H.史文德森：《孤独的哲学》，Adams 译，化学工业出版社 2022 年版。